영화,
내 맘대로 봐도
괜찮을까?

〈본 시리즈〉부터 〈기생충〉까지

영화, 내 맘대로 봐도 괜찮을까?

초 판 1쇄 　2020년 01월 21일
초 판 2쇄 　2020년 03월 10일

지은이 이현경
펴낸이 류종렬

펴낸곳 미다스북스
총괄실장 명상완
책임편집 이다경
책임진행 박새연 김가영 신은서
본문교정 최은혜 강윤희 정은희

등록 2001년 3월 21일 제2001-000040호
주소 서울시 마포구 양화로 133 서교타워 711호
전화 02) 322-7802~3
팩스 02) 6007-1845
블로그 http://blog.naver.com/midasbooks
전자주소 midasbooks@hanmail.net
페이스북 https://www.facebook.com/midasbooks425

© 이현경, 미다스북스 2020, *Printed in Korea.*

ISBN 978-89-6637-755-8 03680

값 15,000원

🐾 **미다스북스**는 다음세대에게 필요한 지혜와 교양을 생각합니다.

영화,
내 맘대로 봐도
괜찮을까?

〈본 시리즈〉부터 〈기생충〉까지

이현경 지음

미다스북스

새로운 영화적 지평을 기대하며

어려서부터 책을 펼치면 날개나, 저자의 말 등을 가장 먼저 읽었다. 아직도 기억나는 내용들이 있을 정도로 때론 본문보다도 흥미로웠다. 그런데 막상 내가 저자의 말을 쓰자니 어색하고 난감하다. 그동안 강의와 글 쓰는 일을 해왔지만 개인적인 내용의 글을 쓴 적은 없다 보니 그런 것 같다.

지난해 8월, 무덥던 오후에 평론집을 출간하기로 결정을 했다. 가을이면 끝날 작업이라 생각했는데 해가 바뀌어서야 책이 나오게 되었다. 평론 활동을 하면서 책을 내야겠다는 생각을 하지 못했다.

프리뷰, 리뷰, 영화 관련 기사, 칼럼 등 여러 종류의 글을 썼지만 특정한 기획이나 계획을 한 바 없이 그때그때 청탁을 받고 마감을 하는 방식으로 지내왔다. 그러다 보니 책은 뭔가 그럴듯한 계획을 세워서 집필을 하고 내야 하는 것이라고 막연히 생각해왔다. 어쩌면 일종의 '안고수비'라고 할 수도 있겠다. 달리 말하면 자기 안에 더 좋은 것이 있을 거라는 오만 같기도 하다. 이 책은 그동안 쓴 글 중에 평론 일부를 추려서 좀 덜어내거나 수정한 것이다. 있는 그대로도 글이 될 수 있고, 책이 될 수 있다는 용감한 마음으로 진행했다.

책 제목에 비해 글이 좀 무거운 게 아닐까 혹은 불친절한 게 아닐까 고민되었지만 마음대로 봐도 된다고 떡하니 주장하고 이런 고민을 하는 게 옹졸해 보여서 멈추기로 했다. 영화를 마음대로 봐도 되 듯이 평론도 마음대로 읽어도 괜찮을 것 같다. 평론은 사방팔방으로 뻗어 있는 표지판처럼 영화라는 길의 방향만을 짧게 가리키고 있다. 다른 글은 몰라도 적어도 내 글은 그런 성격이다. 팔 길이 정도의 방향 표지판이 무기력해 보일 때도 있지만 때론 엄청난 도움이 되기도 한다. '이런 영화도 있네, 이 영화 한번 보고 싶다.'라는 마음이 들게 하는 걸 가장 중요한 기본이라고 생각하며 글을 써왔다.

이 책도 영화를 소개하는 기본 역할을 할 수 있기를 바란다. 예전에 2020년을 생각하면 먼 미래였다. 그 미래 속에 와 있다고 생각하면 신기하고 놀랍다. 개인적으로 2019년은 분주하고 힘들었다. 쑥스럽지만 첫 평론집을 출간하게 되었으니 이를 계기로 2020년 올해는 새로운 지평으로 나아갈 수 있기를 스스로 빌어본다.

목차

제2부

선택과 판단이라는 삶의 명령

제3부

원초적 공포와 일상의 불협화음

제1부

우주적 잔인성과 세상이라는 함정

1
여자의 바람은 위험하다?

— 〈주노명 베이커리〉, 〈바람난 가족〉

한강에 나타난 돌연변이 괴물과 바람피우는 여자 중 누가 더 위험할까? 일찍이 1950년대에 그에 대한 답이 있었다. 50년대 최고의 인기를 누린 소설과 영화 〈자유부인〉(한형모, 1956)에 대한 당대의 반응은 "중공군 50만 명에 해당하는 적"이라는 거센 비난과 비판이 주류였다. 대학교수 부인 선영이 가정 밖으로 나와 바람기 가득한 사회를 헤매다 남편의 용서를 구하며 가정으로 돌아간다는 내용이 왜 그토록 위험한 것인가. 이유는 간단하다. 괴물은 SF 장르 안에 서식하는 존재이고, 그 세계는 비현실적인 2차 세계이다. 그러나 여자의 바람은 가정을 무너뜨리고 나아가 현실 세계의 질서를 뒤흔드는 엄청난 파급 효과가 있을 수 있기 때문이다. 50여 년 전의 호들갑에도 불구하고 한국영화사에서 바람난 여자들은 사라지지 않았다.

2000년 이후 바람난 여자들은 계속 부활하고 있고 그들의 바람은 이 시대 가정과 가족에 대해 거듭 질문하고 있다. 도대체 어디에 구멍이 뚫린 것이며 우리는 언제 그 구멍과 마주하게 되는가? 윤리의 잣대로 재단하기 이전에 실존의 차원에서 바람난 여자들이 묻고 싶은 질문들을 되새겨보자.

〈주노명 베이커리〉

멜로 · 로맨스, 코미디 | 2000년 |
한국 | 108분 | 청소년 관람불가

감독 : 박헌수

▷ 여자의 한숨은 누가 거둬주는가?

〈주노명 베이커리〉(박헌수, 2000)는 스와핑에 대한 착한 상상력을 보여주는 영화이다. 일부일처제의 결혼 생활을 뒤흔들 가장 중요한 질문은 '내 짝은 정말 나와 맞는 사람일까?'일 수 있다. 어떻게든 긍정적인 답을 이끌어내거나 적어도 여우와 신포도 논리로라도 다른 가능성을 배제해야 결혼 제도는 유지된다.

그런데 우연히 자신의 아내와 '맞는' 남자가 등장했다면 남편은 어떤 태도를 보여야 할까. 이 영화는 바람난 아내를 바라보는 남편의 시선으로 그려진다. 단 두 가지 전제 조건이 있다. 하나는 남편이 아내를 너무나 사랑한다는 것이고, 또 하나는 아내가 만나는 남자가 아내에게 잃어버린 웃음을 되찾게 해주었다는 사실이다. 어려운 문제를 푸는 데 있어 로맨틱 코미디라는 이 영화의 장르는 큰 역할을 한다. 지나치게 진지하게 접근하면 자칫 빠져나올 수 없는 막다른 골목에 다다를 수도 있기 때문에 영화는 장르의 특성을 이용해서 힘을 좀 빼고 이야기를 희화화시킨다.

노명과 정희는 결혼 10년 차에 아이 하나를 둔 평범하고 성실한 부부이다. 제빵사인 노명은 아내의 내조와 스스로의 노력으로 '주노 명 베이커리'라는 자신의 빵집을 갖게 되었다. 단란한 가족사진과 둘의 베드신, 크로와상이 익어가는 모습을 이어놓은 장면은 이 가정의 행복을 압축적으로 보여준다.

"난 참 행복한 놈"이라고 스스로 말하는 주명에게 생긴 한 가지 고민은 "어느 날부터 아내가 한숨을 쉬었다."는 것이다. 이유는 모르겠지만 가정에 위험신호가 왔음을 본능적으로 간파한 그는 아내의 마음을 녹이기 위해 모든 수단을 동원해본다. 그 수단은 섹스와 바캉스, 신용카드이다. 코믹하게 그려졌지만 이건 매우 중요한 내용이다. 이 세 가지는 남편이 아내에게 해 줄 수 있는 거의 모든 것이기에 그렇다. 그렇다면 정희에게 웃음과 활력을 준 무석은 어떤 인물일까.

그는 『13일의 칼국수』라는 황당무계한 호러물 이후 작품 활동을 못하고 있는 유명무실한 소설가이다. 마누라에게 매일 얻어맞고 사는 백수나 다름없는 무석이 정희를 웃게 만드는 비법은 뻔뻔함이다. 정희는 낯간지러운 칭찬도 태연하게 하는 무석이 밉지 않고 그의 엉뚱한 태도에 즐거움을 느낀다.

무석의 아내 해숙이 남편에게 빵집 금족령을 내리자 노명의 새로운 고민이 시작된다. 무석이 오지 않자 아내가 다시 한숨을 쉬기 때문이다. 금족령을 풀어달라는 부탁을 위해 노명은 해숙을 만나는데 진짜 복잡한 상황은 그때부터 벌어진다. 해숙에게 성적 매력을 느낀 노명은 둘이 식성을 비롯해서 취향까지 비슷하다는 걸 발견하고 더욱 그녀에게 빠져든다. 짝을 바꾸어 데이트를 즐기는 두 가정은 전과 비할 수 없이 화목해진다.

노명과 정희도 원만한 결혼 생활로 돌아갔고 무석과 해숙도 서로를 인정하고 격려해준다. 노명이 해숙을 생각하며 정성을 다해 빵을 굽자 빵집은 문전성시를 이루게 되고, 무석은 정희를 모델로 삼아 소설 창작에 신명을 낸다. 비록 성적 일탈을 위한 스와핑은 아니지만 결과적으로 짝을 반쯤 바꾼 생활이 삶의 의욕과 기쁨을 준다는 설정은 문제적이다. 하지만 여기서부터 영화는 제도적이고 관습적인 도덕률로 돌아가는 한편 은근한 답을 열어둔다. 노명은 무석과 해숙 커플과 모두 평화롭게 어울려 사는 꿈을 꾼다.

"나는 그녀(해숙)를 그녀로서 사랑하고 놈(무석)을 놈으로서 사랑하고 우린 정말 한 가족처럼 행복하다.”

이런 놀라운 노명의 생각과는 달리 그가 사랑하는 그녀는 케케묵은 듯 보이는 논리로 이별을 선언한다.

“우리 관계는 미래가 없어요. 그것만큼은 견딜 수 없어요.”

해숙이 말하는 미래는 제도적인 결합이다.

네 사람은 다시 둘씩 제자리로 돌아가지만 사막처럼 황폐해진 가슴에는 모래바람만 인다. 도저히 메울 수 없을 것 같은 노명과 정희 사이의 틈을 메우는 계기는 외부로부터 온다. 가게를 내놓고 정리하던 노명과 정희는 마지막으로 노신사의 결혼 50주년 기념 케이크를 굽기 위해 제빵 도구를 다시 꺼내고 오븐을 달군다. 이 부분에서 노명의 내레이션이 들린다. 빵을 굽고 그 위에 크림을 얹는 과정을 인생에 빗대어 결혼 생활의 고비를 넘기는 지혜를 설파한다. 빵에 난 상처를 크림으로 덮어서 맛있는 케이크가 완성되듯이 권태기를 극복하면 위기도 해결된다는 것이다.

네 사람의 후일담은 영화의 끝에 덧붙여진다. 빵집은 '한정희 주노명 베이커리'로 다시 개장되었고, 문수가 새로 발표한 소설『13일의 웨딩』출판기념회가 빵집 마당에서 열리고 있다. 케이크는 네 사람을 상징하기 위해 4단으로 제작되었고 맨 위는 책 모양 장식을 얹었다. 날 알아주고 나와 비슷한 사람이 이웃집 여자로 혹은 이웃집 남자로라도 있는 것이 없는 것보다는 더 나은 인생이라는 완곡한 대안 제시 정도로 이해할 수 있다. 어쩌면 네 사람이 절묘한 균형을 이루었던 시절로 돌아갔는지도 모르겠지만 영화는 더 이상 알려주지 않는다.

〈주노명 베이커리〉 – 두 커플이 함께 보내는 행복한 시간

뻔뻔하게 섹시하게

"님말고 애인이 필요해"

"아내말고 여자가 필요해"

바람난 가족

〈바람난 가족〉

드라마, 코미디 | 2003년 |
한국 | 104분 | 청소년 관람불가

감독 : 임상수

▷ 바람은 가족을 해체하는가?

　〈바람난 가족〉(임상수, 2003)은 가정이라는 울타리를 강타하는 전
방위적 바람을 다룬다. 바람 문제에 있어서라면 한국영화사에서 가
장 급진적인 영화라고 할 수도 있다. 〈바람난 가족〉의 가족은 주영
작 변호사와 그의 아내 호정, 아들 수인, 영작의 부모로 구성되었
다. 영작의 아버지는 6.25 때 월남한 인물로 지금은 한 달 정도의 시
한부 인생을 남겨두고 있다. 현재 이 집안에서 영작의 아버지와 7살
짜리 영작의 아들을 빼고 나머지 세 명은 모두 바람을 피우고 있다.
그러나 바람의 내용은 각기 다르다. 영작의 엄마는 평생 술에 절어

사는 남편에게 아무런 성적 만족도 느끼지 못한 채 살다가 최근 남자를 만나고 섹스를 하게 되었다. 그녀는 아들과 며느리에게 당당하게 고백한다. "요즘에야 진짜 어른이 된 기분이야. 내 인생 내가 책임지는." 그녀는 자신이 솔직하게 살지 못했다고 생각한다.

〈바람난 가족〉 - 가정에서 소외된 30대 주부 호정

영작은 20대 여성을 성적 파트너로 갖고 있다. 둘은 성적 욕망과 취향을 조금도 숨기지 않고 거리낌 없이 표현하고 서로 만족을 얻지만 구속은 하지 않는 쿨한 관계이다. 심지어 아들을 잃어버렸을 때조차 영작은 아내가 아닌 성적 파트너에게는 적나라한 속마음을 털어놓는다. 하지만 성적 파트너인 여자는 그를 항상 기다려주지 않는다. 이것은 아버지 장례 후 영작이 아내에게 전했던 감사와 대조된다. 성적으로는 서로 만족하지 못하지만 아내로서 호정은 영작의 아버지를 위해 최선을 다했고, 성적으로는 좋은 파트너이지만 여자는 영작의 인생까지 감싸줄 여지가 없다.

〈바람난 가족〉에서 '아이'는 결혼한 부부 사이의 출산을 통해 생기지 않는다. 입양한 아들 수인은 자신이 입양됐다는 사실을 안 뒤로는 계속 고민한다. "너만 모르고 있는 건 불공평"하다며 호정이 사실을 알려줬지만 수인은 차라리 모르고 있었을 때가 더 좋았다고 생각한다. 영작의 가족은 모두 사회나 역사가 짓누르는 무게에 깔려 있는 사람들이다. 영작의 아버지는 북에 두고 온 가족들에 대한 죄책감에 평생 술을 마셨고, 영작의 엄마는 그런 아버지 때문에 어두운 세월을 보내야 했고, 영작은 시대에 대한 책임감과 개인적 타락 양쪽을 오가며 혼돈을 겪고, 호정은 영작과 메마른 결혼 생활을 하고 있다.

어쩌면 이 가정에서 호정은 가장 현실적 압박을 덜 받는 인물이다. 남편과의 결혼 생활이 무미건조하다는 것 외로 호정의 고민은 잘 드러나지 않는다. 그렇기 때문에 수인의 죽음으로 호정이 가장 큰 충격을 받고, 그 뒤 호정은 옆집 고등학생과 섹스를 하고 임신을 한다.

〈바람난 가족〉 – 호정, 영작 부부와 아들 수인

　호정이 임신한 아이는 영작의 아이도 고등학생의 아이도 아니고 호정만의 아이이다. 영작의 가정은 영작의 바람이나 호정의 바람과는 상관없이 해체되고 있었다. 바람이 가정을 해체하는 것이 아니라 해체된 가정에서 바람이 새어나온 것이다.

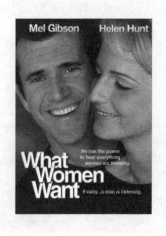

〈왓 위민 원트〉

로맨스, 코미디 | 2000년 |
미국 | 127분 | 15세 관람가

감독 : 낸시 마이어스

▷ What women want?

〈왓 위민 원트〉(낸시 마이어스, 2000)라는 코미디 영화에는 어느 날
여자들의 속마음을 들을 수 있게 된 남자 이야기가 나온다. 승승장
구하던 남자 주인공은 물론 여자라면 선수다. 그러나 그는 자신이
상상도 못했던 여자들의 마음속 소리를 듣게 된다. 이 영화가 말하
고자 하는 바는 남자들이 여자의 속내를 모른다는 것이다. 거꾸로
여자도 남자를 잘 모르기 때문에 유사 이래 서로 매력을 느꼈던 건
분명해 보인다. 이제 바람난 여자들의 질문에서 유추할 수 있는 마
지막 결론에 대해 이야기해보자. 바람난 여자들은 누구랑 만나는

가? 바람난 여자들은 남편과는 다른 남자를 만난다. 그렇다면 여자들의 남편은 어떤 사람들인가? 〈주노명 베이커리〉의 가정적인 제빵사 남편은 안타깝게도 별 잘못한 것도 없이 아내의 바람을 바라보아야 했다. 〈바람난 가족〉의 남편은 공적 영역에서는 정의롭고자 애쓰나 사적 영역에서는 가치관의 혼란을 겪고 있다. 종합해보면, 잘못했든 아니든 이들 남편들은 아내에게 별 매력도 의미도 없는 사람들이다.

반면에 여자들은 어떤 남자와 바람을 피우나? 의외로 특별한 사람은 아니다. 나이가 어리거나 재미있는 남자이다. 나이가 어리거나 재미있는 남자는 정확히 말하면 책임감이 적은 남자이다. 여기에 여자들의 딜레마가 있다. 책임을 져줄 남자는 소통이 잘 되지 않고 소통이 되는 남자는 책임감이 없는 까닭은, 결혼이나 가정이라는 제도 자체가 안고 있는 모순이다. 나이 어리고 재미있었던 남자들도 무미건조하거나 진부한 남편이 될 가능성이 높은 것이 현실이다. 이 모순에는 정답은 없다. 다만 여자들은 남자의 어깨에 매달린 책임감이라는 추를 덜어주고, 남자는 여성의 목소리를 들을 수 있는 귀를 가질 수 있도록 노력하는 방법밖에는 없을 것이다.

2
무정부주의자의 회복 불가능한 삶

- 〈제이슨 본〉 시리즈

〈본 아이덴티티〉

액션, 미스터리 | 2002년 |
미국 | 118분 | 12세 관람가

감독 : 더그 라이만

▷ 제이슨 본의 탄생

　20세기에 '제임스 본드'라는 최고의 스파이가 있었다면, 21세기가 시작되는 2000년에 나온 영화 〈본 아이덴티티〉(2000, 더그 라이만)에서는 그와 모든 것이 반대인 새로운 스파이 캐릭터 '제이슨 본'이 탄생했다.

　말쑥한 양복에 세련된 매너를 갖추고 최첨단 무기를 소유한 제임스 본드는 1960년대부터 1980년대까지 맹활약을 펼치다 냉전 시대의 종식과 함께 스포트라이트로부터 멀어졌다. 미국과 소련이라는 양대 대결 구도가 무너진 후 스파이 액션 영화는 길을 잃었다. 스파이 액션 영화의 존재 기반이었던 냉전 이데올로기가 힘을 잃자 장르 정체성이 흔들렸던 것이다. 그렇게 기억 속에서 소멸해가던 스파이 액션 영화의 불씨를 다시 살린 건 기억상실증에 걸려 자신의 정체성을 잃어버린 제이슨 본이었다. 21세기 스파이 제이슨 본은 후줄근한 바지와 티셔츠 차림에 차도 없고 첨단 무기도 없다. 결정적으로 제이슨 본은 제임스 본드를 빛나게 하던 후광 역할의 '본드 걸'이 없다. 정체성을 잃은 장르를 되살리는 본 시리즈가 정체성을 찾아가는 주인공을 내세운 건 참으로 재미있는 설정이다.

시리즈 1편인 〈본 아이덴티티〉는 마르세이유로부터 남쪽으로 60마일 떨어진 지중해에 한 남자의 몸이 떠오르면서 시작된다. 근처를 지나던 어선의 어부가 그를 구조하고 가슴에 박힌 총탄을 제거하고 엉덩이에 박힌 이상한 물체를 꺼낸다. 죽은 것 같던 남자는 깨어나지만 그는 자신이 누구인지 전혀 알지 못한다. 그가 누구인지 찾아갈 수 있는 유일한 단서는 엉덩이에서 빼낸 레이저 포인트에 담긴 스위스 은행 계좌번호뿐이다. 그가 누구인지는 알 수 없지만 그의 신체에 새겨진 놀라운 기억들은 하나씩 정체를 드러낸다. 다수의 외국어를 유창하게 구사하고 놀라운 집중력과 민첩성으로 당면한 과제를 해결하는 것은 물론이고 살인 병기로 훈련된 몸은 위기의 순간 눈 깜짝할 사이 서너 명을 제압한다. 그는 스위스 은행 비밀 금고에서 6개의 여권과 거액의 달러, 그리고 제이슨 본이라는 자신의 이름을 찾게 된다. 이후 제이슨 본은 3개 대륙 7개국을 떠돌며 과거의 기억과 자기 정체성을 찾아 헤매는 고달픈 여정을 이어간다.

본 시리즈가 갖고 있는 가장 큰 특징은 개인의 '자아'가 국가의 '이

익'에 우선한다는 명제를 이야기하고 있다는 점이다. 이것은 기존 스파이 액션물의 공식을 완전히 뒤집는 일이다. 기존의 스파이 액션물에서 주인공들은 누구보다도 애국적인 시민이고 자유민주주의의 수호자였다. 그러나 제이슨 본은 국가를 위해 헌신하고자 했던 자신의 결단과 행동 때문에 고뇌하는 인물이다. 그의 기억은 조각조각 파편화되어 있고 이제 그의 삶을 지배하는 동기는 기억을 되찾아 '나는 누구인가?'라는 질문에 답하는 것이 유일하다.

본 시리즈는 전체적으로 무척 어두운 분위기를 갖고 있다. 단편적으로 떠오르는 본의 기억은 확실히 그 정체를 알 수 없지만 밝고 건강한 기억이 아닌 것은 분명해 보인다. 무언지 모르지만 암울한 기억을 되찾아야 하는 본이기에 그의 모습이 어둡고 우울해 보이는 것은 당연하다. 3개의 대륙을 떠도는 본의 여정은 현대판 오디세이라고도 할 수 있겠지만, 본은 이타카 왕 오디세우스가 십여 년 동안 간직했던 고향이라는 희망을 갖고 있지 못하다. 그래서 오디세이는 장엄한 대서사시가 될 수 있었지만, 본의 여정은 불완전한 서사일 수밖에 없다.

▷ 의미를 사색하는 액션

본 시리즈는 1편과 2, 3편의 연출자가 다르다. 더그 라이만이 연출한 1편에 이어지는 2, 3편은 〈블러디 선데이〉(2002), 〈플라이트 93〉(2006)을 만든 폴 그린그래스 감독이 연출을 맡고 있다. 일반적으로 속편이 전편만 못하다는 선입견을 완전히 뒤집은 본 시리즈의 성공은 거의 전적으로 폴 그린그래스 감독의 연출력에 힘입고 있다 할 수 있다. 폴 그린그래스 감독은 좁고 사람들로 붐비는 실제 현장에서 진행되는 본 시리즈의 액션을 상상을 초월하는 수준으로 끌어올렸다. 가히 액션에 있어서는 사상 초유의 최고의 신들이라고 할 만하다.

폴 그린그래스 감독의 액션 연출의 특징은 들고 찍기(핸드 헬드), 과감한 줌 사용, 평균치에 비해 훨씬 많은 컷으로 구성된 빠른 편집, 아날로그식 액션, 여러 대의 카메라 사용에 의한 다양한 각도의 숏 등을 들 수 있다. 그러나 이것은 말 그대로 연출 방법에 국한된 설명이고 보다 본질적인 것은 액션 신 자체가 만들어내는 독립적인 완결성과 인물이 처한 상황에 대한 의미를 놓치지 않는 액션이라는 점이 중요하다. 다큐멘터리 감독 출신인 폴 그린그래스 감독은 "한 번도 시도되지 않은 것"을 연출하고 싶었다고 말한다.

〈본 슈프리머시〉

모험, 미스터리 | 2004년 |
미국 | 110분 | 15세 관람가

감독 : 폴 그린그래스

2편 〈본 슈프리머시〉(2004) 앞부분에 나오는 인도 고아에서의 액션 신은 폴 그린그래스 감독이 자신의 낙인을 찍는 중요한 장면이다. 1편에서 '내가 누구인지 아는 적'과 맞서 싸우며 내가 누구인지 찾아다니던 제이슨 본은 완벽하진 않지만 CIA 특수부대 트레드스톤 요원이었던 자신의 정체를 알게 된다. 쫓기는 과정에서 우연히 마리라는 여자를 만난 본은 "내가 누구인지 더 이상 신경 쓰지 않겠다."고 말한다. 2편은 본과 마리가 숨어서 살고 있는 인도 고아에서 이야기가 시작되는데 전편과 다른 성격의 영화임을 선언하기 위해 본의 애인 마리를 죽이고 본에게 '복수'라는 새로운 미션을 제공한다. 전편의 여자 주인공을 속편의 영화 초반에 죽여버리는 일도 흔하지 않지만 이 신이 보여준 새로운 액션 감각은 이것이 전편의 명성에 기대 그 스타일을 답습하는 영화가 절대 아니라는 점을 명확히 각인시킨다. 붐비는 시장통을 누비는 핸드 헬드 카메라, 점점 빨라지는 교차 편집, 빠른 줌, 영화의 리듬을 조율하는 배경음악 등이 어우러진 장면은 절정을 향해 달려가다 다리로 추락하는 자동차를 여러 각도에서 찍어 이어붙인 장면에서 최고조의 호흡에 도달하고 이어지는 물속 신은 느리고 정적인 호흡으로 진행되어 직전까지의 흥분을 가라앉히고 본이 당면한 비극을 함께 느끼게 인도한다.

〈본 얼티메이텀〉

액션, 미스터리 | 2007년 |
미국 | 115분 | 12세 관람가

감독 : 폴 그린그래스

〈본 얼티메이텀〉(2007)은 사실 2편에서 이미 밝혀진 사실을 향해 영화의 2/3 정도의 이야기가 진행된다. CIA 작전본부 지휘팀장 파멜라 랜디가 제이슨 본의 본명이 '데이빗 웹'이라는 정보를 알려주는 2편의 끝부분 통화 장면은 3편의 중반 이후에 다시 재생된다. 그렇다면 3편의 절반 이상이 2편의 반복이라는 말로 해석될 수도 있음에도 불구하고 3편이 동어반복에 빠지지 않는 이유는 너무나 창조적인 액션 신들 덕분인 것 같다. 〈본 얼티메이텀〉에는 인상적인 3번의 액션 신이 나온다. 영화 초반 런던의 워털루 전차 역에서의 액션, 중반 모로코 탱지어에서 벌어지는 옥상 액션, 후반 뉴욕 시내에서 찍은 자동차 추격 액션이 그것이다. 이 장면들은 영화의 스토리를 전혀 모르는 관객이라도 이 부분만 떼어놓고 보아도 매혹될 만한 박진감 넘치는 화면을 보여준다.

워털루 역은 하루 40만 명가량의 인구가 드나드는 복잡한 곳인데 통제 없이 촬영을 진행했다고 한다. 본과 기자, 킬러 이렇게 세 명 배우들의 동선을 따라가는 장면을 찍기 위해 수백 대의 카메라를 설치하여 마치 다큐멘터리처럼 연출하였다. 세 명을 따라 숨 가쁘게 교차 편집되는 화면은 실제 상황처럼 긴박하게 느껴진다.

모로코 탠지어 추격 신과 뉴욕의 자동차 추격 신은 기술적으로 많은 실험이 행해진 장면들이다. 본과 경찰이 수십 개의 옥상을 달리며 뛰어넘는 추격전을 펼치는 탠지어 신에서 감독은 로프에 카메라를 매달아 실감나는 화면을 잡아냈다. 그리고 이 신의 하이라이트인 본이 옥상에서 4.5미터 떨어진 맞은편 건물 창문을 깨고 뛰어드는 장면은 카메라를 맨 스턴트맨이 맷 데이먼의 뒤를 따라 뛰어내리며 촬영하였다. 영화의 끝부분, 이제 자신의 과거와 정체를 거의 복원해낸 제이슨 본은 데이빗 웹에서 3천만 달러가 투자된 인간 병기 제이슨 본으로 바뀐 뉴욕의 비밀 훈련소를 향해 자동차를 몰고 가고, 그를 제거하기 위한 킬러 파즈도 뒤따른다. 이 장면은 뉴욕 7번가를 통제한 상태에서 촬영했는데, 이 장면에는 특수 장비인 '고 모빌(Go Mobile)'이 사용되었다. 이 장비는 이 영화를 위해 특수 제작된 것으로 기존의 트레일러로는 찍을 수 없는 속도감과 코너링, 앵글을 가능하게 만들어주었다. 3층 높이에서 떨어지는 장면을 비롯해 거친 충돌 장면 등도 모두 리얼 액션으로 이전 어떤 영화에서도 볼 수 없었던 파워풀한 액션 신을 만들어냈다.

이 추격전의 마지막, 본은 벽에 부딪힌 차에서 나와 자신을 쫓던

킬러에게 총을 겨누지만 쏘지 않는다. 빛과 어둠 속에 진행되는 이 장면에 대해 감독은 지금 본이 처한 현실을 상징한다고 설명한다. 본은 자신이 탄생된 바로 그곳으로 이제 곧 갈 것이고, 거기서 잃어버린 기억의 마지막 파편을 복원시켜 자신이 누구였는지 완전하게 알게 될 것이다. 그러나 그 기억과 과거는 어쩌면 몹시 어두운 것일 수 있다. 그러한 결과에 대한 절망과 자신을 찾는다는 희망이 공존하는 본의 심리를 상징적으로 보여주는 장면이다. 액션 신 안에 사색을 담아낸 것이다.

〈본 아이덴티티〉 - 21세기 스파이 제이슨 본

▷ 21세기 실존과 도덕이 만나는 방식

철저하게 조직의 명령에 따라 움직이던 스파이 제이슨 본은 기억을 잃은 뒤 모든 결정을 스스로 한다. CIA 본부에서 제이슨 본에게 목표를 지정해주는 존재가 있는 것인지 고민하자 본의 동료였던 니키가 그 존재는 본 자기 자신이라고 말하는 장면이 2편에 나온다. 제이슨 본이라는 캐릭터는 고전적인 스파이의 자기 정체성을 위반하는 지점에서 만들어진다. 국가가 부여한 임무가 아니라 자기 내면의 동기에 의해서 움직이는 스파이 제이슨 본은 21세기적인 캐릭터이다. 7년에 걸쳐 만들어진 본 시리즈 3편을 보면 CIA의 첩보력이 가공할 만큼 향상되어 가고 있는 걸 알 수 있다. 세 편 모두 제이슨 본을 체포하거나 사살하기 위한 작전을 지휘하는 CIA 본부의 모습이 자주 등장한다. 위성을 통해 전 세계를 감시할 수 있고 CCTV에 찍힌 모든 화면을 검색할 수 있으며 휴대폰 통화 내역 역시 자동으로 검열된다. 개인에 대한 모든 신상 정보가 즉시 스크린에 뜨고 전화 위치 추적에 걸리는 시간은 점점 짧아지고 있다. 국경을 초월한 정보화 시대의 섬뜩함이 느껴지는 장면들이다.

제이슨 본은 행동 변형 훈련의 첫 대상자였다. 이 훈련으로 자연인 데이빗 웹에서 국가를 위해 만들어진 가공의 인물 제이슨 본이 되었다. 데이빗 웹이 시민사회의 시민일 때 그는 애국심을 갖고 있었지만 제이슨 본이라는 초현실적 인물이 된 다음에는 사실 애국심은 필요하지 않다. 실존적 존재가 아닌 인물에게 국가라는 것이 무슨 의미가 있겠는가? 그렇기 때문에 제이슨 본은 스파이로서 제임스 본드와는 질적으로 다른 인물일 수밖에 없다. 전 지구가 하나의 감시 체계에 속한 듯한 21세기에 스파이라는 정체성을 위반하는 제이슨 본은 새삼스럽게 도덕의 문제와 마주친다. 2편에서는 제이슨 본의 죄책감을 씻어 주기 위해 자신이 살해한 사람의 딸에게 속죄하게 만들었다. 그러나 3편에서 도덕의 문제는 자아의 문제와 연관된다. 2편에서 제이슨 본은 CIA 본부에서 자신에게 목표를 지정해 주는 존재가 있는지 고민하고, 동료 니키는 그 존재는 바로 본 자신이라고 말하는 장면이 나온다.

제이슨 본은 자신의 근원을 찾는 과정에서 이미 그 시작은 자신이라는 것을 어렴풋이 짐작하고 있는 듯 보인다. 기억을 되찾고 자기 정체성을 확인한 결과 끔찍한 일들이 모두 자신의 결단에 의해 이루어진 것임을 알게 될지도 모르면서 제이슨 본은 추적을 멈추지 않는다. 이런 행동은 도덕적인 것이지만 무척 우울한 상념을 불러일으킨다. 모든 화근이 자신에게 있으며 자신이 지은 죄는 자신의 몫이라는 걸 알게 될 주인공을 보는 마음이 편할 리 없다. 더군다나 이제 데이빗 웹이라는 이름도 제이슨 본이라는 이름도 다 버린 주인공은 어디로 돌아가야 하는지 막막하다. 영화는 물속에 빠진 채 움직이지 않던 본이 모비(Moby)가 부르는 주제곡 'Extreme Ways'에 맞춰 다시 움직이기 시작하는 경쾌하고 희망적인 엔딩을 보여줬지만, 본의 삶은 회복 불가능해 보인다.

〈본 얼티메이텀〉 – 제이슨 본이 탄생된 CIA 본부의 모습

3
여름, 물, 이방인, 살인

- 〈미필적 고의에 의한 여름휴가〉와 방계의 영화들

〈미필적 고의에 의한 여름휴가〉

멜로·로맨스, 스릴러 | 2007년 |
독일 | 97분 | 청소년 관람불가

감독 : 스테판 크로머

▷ 여름, 살인의 계절, 신화의 시간

〈미필적 고의에 의한 여름휴가〉(스테판 크로머, 2007)의 원제는 '2004년 여름'이었는데, 딱딱한 법률적 용어까지 동원된 '미필적 고의에 의한 여름휴가'라는 긴 제목으로 번안되었다. 이 영화는 정치학 연구소에 근무하는 앙드레와 그의 오랜 동거녀 미리엄, 앙드레의 아들 닐스, 닐스의 여자 친구 리비아가 발트해 연안의 한적한 별장으로 여름휴가를 떠나면서 시작된다. 앙드레 소유의 별장은 고풍스러우면서도 관리가 잘 돼 쾌적하고 아늑한 곳이다. 지적이며 교양 있는 앙드레와 미리엄은 소년과 소녀에 불과한 닐스와 리비아의 판단을 존중하고 성적인 부분에 대해서도 개방적이다. 모든 면에서 성숙해 보이는 이들 구성원 사이에 균열이 생기게 되는 발단은 이웃에 사는 빌의 등장이다. 미국에서 10년 동안 살다 왔다는 빌은 미국식 친절과 유럽식 기품을 동시에 갖춘 매력남이다. 그런 빌에게 리비아가 접근하는 기색이 보이자 미리엄은 과민하게 반응한다. 처음에는 보호자 입장에서 빌을 견제하던 미리엄의 태도는 어느새 빌에게 호감을 갖고 그를 유혹하는 자세로 바뀐다.

이 영화를 보다 보면 자연스럽게 연상되는 영화들이 있다. 딸 같은 어린 여자 아이에 대한 중년 여성의 질투는 〈스위밍 풀〉(프랑수아 오종, 2003)을, 요트 안에서의 살인은 〈태양은 가득히〉(르네 클레망, 1960)를, 팽팽한 성적 긴장감은 〈물속의 칼〉(로만 폴란스키, 1962)을 떠올리게 한다. 여기서는 이 영화들을 편의상 〈미필적 고의〉의 방계에 있는 영화들로 지칭하겠다. 이들 영화에서 살인을 추동하는 욕망의 빛깔은 조금씩 다르지만 살의라는 본능이 작동하는 기제는 같다.

이 영화들은 모두 '살인'을 이야기하고 있다. 그러나 모두 다른 살인이다. 〈미필적 고의에 의한 여름휴가〉(이하 〈미필적 고의〉)에서 살인은 미필적 고의에 의한 것이라는 혐의가 덧씌워지고, 〈스위밍 풀〉에서 살인은 환상과 현실의 경계에서 발생하며, 〈태양은 가득히〉에서는 고의에 의한 두 번의 살인이 자행되고, 〈물속의 칼〉에서는 살인이라는 착각이 있다. 이들 영화는 작열하는 태양 광선과 넘실대는 물의 이미지를 가진 여름을 시간적 배경으로 삼고 있다는 공통점이 있다. 태양과 바다 혹은 수영장의 물이 만나면 독특한 힘을 가진 물질적 이미지가 생성된다. 그 이미지는 물과 불의 영속적 결합을 꿈꾸는 '뜨거운 습기'이다. 여름은 선악과 미추가 우열 없이 뒤범벅된, 합리적 이성으로 납득할 수 없는 잔인하고 기괴한 일들이 발생하는 무자비한 신화의 시간에 가장 어울리는 계절이다.

▷ 이방인, 살인자, 속화된 영웅

〈미필적 고의〉와 그 방계의 영화들에는 이방인이 등장하는데 그들은 영화의 주인공이자 신화 속 영웅과 같은 존재들이다. 이들은 속화된 영웅으로 영화 안에서 살인자의 역할을 맡는다. 이들은 무자비하게 행동하지만 근원적인 생명력을 갖고 있는 존재여서 조셉 캠벨이 지적한 "자기중심적이며 투쟁하는 자아를 응시하는 탁월한 정체불명의 기쁨"을 떠올리게 된다. 〈미필적 고의〉에는 두 명의 이방인이 있다. 닐스의 여자 친구 리비아와 이들 가족이 휴가지에서 만난 이웃 빌이다. 중요한 점은 이방인이 미리엄의 시선에 의해 구분된다는 것이다. 미리엄은 처음에는 빌을 이방인으로 생각하고 경계하다가 나중에는 리비아를 자신과 빌 사이를 파고드는 이방인으로 대한다. 그러나 영화가 마련해놓은 반전에 의해 이 가족의 진짜 이방인은 미리엄이었다는 사실이 밝혀진다.

리비아가 사고로 죽은 2년 뒤 리비아의 편지가 공개되는데, 그 내용은 리비아가 처음부터 빌을 유혹할 생각이 없었으며 오히려 미리엄과 빌을 맺어주고 싶어했다는 것이다. 결국, 미리엄은 빌과 결합하고 싶은 자신의 욕망을 리비아에게 투사했다가 리비아를 죽음으로 몰아간 것이다. 다시 말하면, 리비아는 미리엄의 시선으로 재구성된 이방인으로 미리엄의 실체를 가려주는 희생양이다. 미리엄은 리비아라는 페르소나를 적절히 이용하여 자신의 욕망을 실현하는 진짜 이방인이다. 미리엄은 앙드레 몰래 빌과 밀회를 즐기면서 망설이거나 죄책감을 느끼는 기미를 전혀 보이지 않는다. 빌이 앙드레가 신경 쓰이지 않는가 물어도 "우리 관계는 별개의 문제야."라고 잘라 말한다. 오랜 파트너를 옆에 두고 아무 거리낌 없이 다른 남자를 욕망하고 거침없이 행동에 옮기는 미리엄은 〈태양은 가득히〉의 톰이나 〈물속의 칼〉의 떠돌이 청년 캐릭터의 연장이면서 변종이다.

집을 떠난 부부는 위기에 봉착하기 쉽다. 여행을 하는 부부가 맞닥뜨리는 위기를 매우 사실적으로 보여준 로베르토 롯셀리니 감독의 〈이탈리아 여행〉(1953)을 보면 "집에 있을 땐 모든 게 완벽한 것 같았다."라는 대사가 나온다. 집이라는 울타리를 벗어나자 억압되어 있던 갈등이 터져나오는 것이다. 아무 문제없어 보이던 영국 중산층 부부는 삼촌의 유산을 받기 위해 멀고 먼 나폴리에 도착해서 "처음으로 서로가 얼마나 낯선 존재인지 알게" 된다. 아내는 처녀 시절 자신을 흠모하던 요절한 시인과의 추억을 떠올리고 남편은 새삼스럽게 질투에 불탄다. 남편은 낯선 장소에서 뜻밖에 만난 여성들에게 은근히 마음이 흔들리고, 아내는 그런 남편 때문에 잠을 이루지 못하지만 내색을 하지는 않는다. 네오리얼리즘 경향의 이 영화에서 부부는 위기를 극복하고 다시 안정된 관계로 돌아온다. "당신한테 얘기 안 한 게 참 많아요."라는 아내의 말처럼 서로를 잘 몰랐던 이 부부는 앞으로 좀 더 많은 대화를 하면서 권태기를 넘길 것이다. 그러나 21세기형 동거 가족 앙드레와 미리엄은 1950년대 영국인 부부처럼 고전적이지 않다. 휴가에서 돌아오기도 전에 가족이라는 틀은 깨지고 새 커플이 맺어진다. 이 중간쯤에 있는 부부가 〈물속의 칼〉의 안드레이와 크리스티나이다.

　〈물속의 칼〉은 안드레이와 크리스티나 부부가 도로에서 히치하이킹을 하는 19세 청년을 차에 태우면서 시작되어, 그와 만 하루 동안 항해를 한 뒤, 다시 두 부부가 차를 타고 떠나는 이야기 구조를 갖고 있다. 영화의 대부분은 요트 위에서 벌어지는 세 사람 사이의 미묘한 심리전을 보여 준다. 좁은 공간에 딱 세 인물만 등장하는 매우 간결한 구도 속에서 펼쳐지는 갈등과 긴장은 비등점 바로 아래서 달아오르고 있는 물속처럼 폭발 직전의 분위기이다.

〈미필적 고의에 의한 여름휴가〉 - 요트라는 특별하고 한정된 공간

영화에서 돛대와 칼은 매우 명확한 상징 작용을 한다. 이 둘은 바다, 배라는 여성성에 대비되는 남성성을 상징하는 물질적 이미지를 갖고 있으며, 각각의 소유자는 대립적인 관계에 놓인다. 돛대는 개인 소유의 요트를 장만할 정도의 경제적, 사회적 지위를 갖춘 안드

레이의 영역을 가시적으로 보여주는 상징물이다. 이 돛대는 아내 이름을 딴 '크리스티나' 호의 가운데 솟아 있고 안드레이는 능숙하게 돛의 위치를 조정한다. 요트에 오르기 전 돛대를 올려다보는 청년의 시점으로 잡은 로우 앵글 화면에서 돛대는 무척 높고 위풍당당해 보인다. 청년이 돛대를 조정하는 로프를 제대로 다룰 줄 몰라서 쩔쩔매는 모습과 안드레이가 능숙하게 돛의 방향을 바꾸며 요트를 모는 모습은 대조적이다. "배 위에 두 명의 남자가 있으면, 한 명은 선장"이라는 안드레이의 말에는 자신감이 넘친다. 그러나 안드레이가 의도한 "성인들을 위한 항해"는 점차 변질되어 어느 사이 이방인 청년의 '통과제의'를 위한 항해로 바뀌어간다.

할리우드 영화 〈리플리〉(엔서니 밍겔라, 1999)로 리메이크된 바 있는 〈태양은 가득히〉의 24세 청년 톰 리플리는 부잣집 아들인 고교 동창 필립이 갖고 있는 모든 것을 탐낸다. 그의 재산과 지위는 물론 애인까지도 욕심내는 톰은 계급적 원한을 가슴 밑바닥에 간직한 인물이다. 톰은 필립과 그의 준거집단의 시각으로 보자면 완전히 이방인이다. 필립의 옷과 신발을 걸치고 거울을 보며 필립의 말투를 흉내 내는 톰의 모습은 외부에서 내부를 동경하는 이방인의 전형이다. 유럽의 도시에서 톰은 필립이 시키는 허드렛일을 하면서 그의 옆에 기생하는 가난한 친구에 불과했으나 요트에 오른 다음부터는 입장이 서서히 달라진다. 필립과 그의 약혼녀 마르쥬, 톰 이렇게 오직 세 사람만이 존재하는 폐쇄된 공간 속에서 톰은 무기력한 이방인의 자리에서 서서히 이탈하여 중심으로 파고든다. 톰은 필립을 모함하여 마르쥬가 오해하도록 만들고, 결국 마르쥬가 배에서 내리도록 만든다.

〈미필적 고의에 의한 여름휴가〉 – 사건의 열쇠를 쥐고 있는 리비아

이제 마르쥬의 이름을 딴 '마르쥬' 호에는 톰과 필립만이 남아 누가 배의 최종 주인이 될지 겨루게 된다. 이것은 또한 누가 마르쥬를 차지할 것인가와 동일한 의미이다. 필립은 톰의 의중을 짐작하

고 자신을 죽이고 싶은지 추궁한다. 필립은 톰의 욕망은 꿰뚫었지만 톰이 그 욕망을 실천에 옮길 줄은 몰랐다. 그래서 방심한 사이 칼에 찔린다. 필립과 마르쥬 사이에 끼어든 이방인 톰은 필립을 제거하고 처음부터 욕망했던 필립의 자리에 선다. 그런 다음 필립의 옷을 입고 그의 필체를 모방해서 돈을 찾고 마르쥬의 마음까지 얻는다. 하지만 두 번의 살인을 저지른 톰은 타락한 이방인에 불과했다.

〈스위밍 풀〉은 글쓰기에 관한 영화이다. 〈미저리〉(로브 라이너, 1990)나 〈음란서생〉(김대우, 2006) 등이 소설의 창작과 소비에 얽힌 이야기를 소재로 한 영화라면, 〈스위밍 풀〉은 보다 순수하게 소설 창작 과정에 초점을 맞추고 있다. 현실과 환상의 경계가 모호한 이 영화에서 환상은 소설의 내용 부분에 해당된다고 볼 수 있다. 보기에 따라서 전체를 현실로 읽을 수도 있겠지만 여러 가지 장치 때문에 환상임을 알 수 있다. 도웰 형사 시리즈로 유명한 중년의 소설가 사라는 '살인'과 '수사' 이야기를 더 이상 쓰고 싶지 않지만 내연의 관계인 출판사 편집장 존은 그녀가 다른 류의 소설을 쓰는 것을 달가워하지 않는다. 존은 지친 사라에게 프랑스 뤼베른에 있는 자신의 별장에 가서 휴식을 취하라고 권한다. 먼저 도착한 사라는 존이 그

곳에 오기를 기다리고 있는데 뜻밖에 나타난 인물은 존의 딸인 쥴리이다. 이 영화에서 이방인이 누구인가는 좀 복잡하다. 표면적으로 보면 쥴리는 사라에게 있어 이방인이지만, 알고 보면 쥴리는 사라가 창조한 인물이기 때문에 쥴리는 가공의 인물이고 쥴리와 사라는 겹쳐진다. 신화의 시대가 저문 이후 신화의 주인공은 소설의 주인공에게 자리를 넘겨준다. 소설의 주인공들은 세속화된 영웅으로 비루한 세계와 맞서 일상이라는 여정을 항해하는 인물들이다. 그렇기 때문에 이 영화에서 쥴리는 소설의 주인공으로서 현실과 길항하는 이방인이 된다.

▷ 영웅의 귀환 혹은 실패

〈태양은 가득히〉와 〈물속의 칼〉이 고전적인 신화의 구조를 따르고 있다면, 〈미필적 고의〉와 〈스위밍 풀〉은 개인적 신화라고 할 수 있는 꿈의 구조로 환원된다. 신화와 꿈은 둘 다 현실 논리로 보면 이상하고 기괴하지만 그 심층에는 상징적 체계를 갖추고 있다. 위 영화의 주인공들인 속화된 영웅은 귀환에 성공하거나 실패한다. 〈물속의 칼〉의 청년은 성장의 통과제의를 무사히 마치고 귀환에 성공하지만, 〈태양은 가득히〉의 톰은 자본주의적 욕망을 일시적으로 실현하지만 귀환에 실패한다. 〈미필적 고의〉의 미리엄은 아무런 현실의 제약 없이 자신의 성적 욕망을 성취하나 이 모든 이야기는 현실에서는 무력한 꿈의 차원일 뿐이다. 즉, 이것은 한 편의 백일몽이고 그렇기 때문에 미리엄의 귀환은 절반의 성공이다. 처음부터 소설 내적 공간에서 여정을 시작한 〈스위밍 풀〉의 줄리는 사라의 책이 완성됨과 동시에 귀환에 성공한다.

공교롭게도 이 네 편의 영화는 각기 개봉된 연대에 따라 두 편씩 서로 친연성(親緣性)을 갖는다. 1960년대 영화 〈태양은 가득히〉와 〈물속의 칼〉이 한 여자를 사이에 둔 두 남자의 대결구도라면, 2000년대 영화 〈스위밍 풀〉과 〈미필적 고의〉는 두 여자와 한 남자가 삼각구도를 이룬다. 전자와 달리 후자에서는 살의를 가진 주체가 여성이며, 살인은 환상이거나 혐의 속에만 존재한다는 특징이 있다. 남자들의 살의는 신화적 상징성에서 자본주의적 욕망에 이르기까지 계보가 확실하였으나 21세기 여자들의 살의는 몹시 모호하고 충동적인 계통 없는 증후들로 나타나고 있다.

4
맹목적 의지가 지배하는 세상

- ⟨밀양⟩, ⟨혐오스런 마츠코의 일생⟩

⟨혐오스런 마츠코의 일생⟩(나카시마 테츠야, 2006), ⟨밀양⟩(이창동, 2007)의 주인공들은 자기 방식대로 세계를 표상하는 인물들이다.

이 두 영화는 남과는 다른 방식으로 세계를 표상하고 자신이 표상한 그 세계 안에서 살아가는 여성의 삶을 다룬다는 점에서 유사하다. 하지만 완전히 상반된 스타일과 다른 종류의 여운을 남긴다는 점에서 두 영화는 매우 다르기도 하다.

〈혐오스런 마츠코의 일생〉

코미디, 뮤지컬 | 2007년 |
일본 | 129분 | 15세 관람가

감독 : 나카시마 테츠야

▷ 패배는 있어도 굴복은 없는 마츠코의 삶

〈혐오스런 마츠코의 일생〉은 줄거리만 요약해놓고 보면 유례가
드물 정도로 가혹한 '여성 수난사'이다. 이 영화는 조카 쇼가 비명
횡사한 고모 마츠코의 일생을 추적하는 형식으로 되어 있다. 53살
의 나이로 사망한 마츠코가 처음부터 '혐오스런' 마츠코였던 건 아니
다. 죽기 전 마츠코는 아무하고도 교류하지 않고, 자기 방에 칩거한
채 씻지도 않고 쓰레기도 버리지 않아 이웃들로부터 '혐오스런' 마츠
코로 불렸다.

그러나 적어도 23세까지 마츠코는 정상적이고 사랑스러웠다. 병

약한 여동생에게만 마음을 쓰는 아버지의 관심을 끌기 위해 우스꽝스러운 표정을 지어보이는 게 습관이 되어 난처한 상황이면 자기도 모르게 그 표정이 튀어나오는 부작용을 겪는 정도가 마츠코의 남다른 면이었다. 노래를 잘 부르는 중학교 음악 선생 마츠코의 인생이 어긋나기 시작한 건 수학여행에서 돈을 훔친 제자를 감싸주려 한 일부터이다.

이 일을 처리하는 데 있어서 마츠코는 보통 사람들의 상식으로는 도무지 이해할 수 없는 행동을 거듭해서 결국은 학교에서 쫓겨나고 집에서 가출한다. 항상 그녀의 의도는 희생적이고 순종적이지만 그런 의도와 달리 결과는 최악의 사태로 나타난다.

영화에서 마츠코가 되풀이하는 대사가 있다.

"다녀왔습니다."

마츠코의 일생은 그 말을 할 남자를 찾아헤맨 시간이다. 마츠코처럼 운도 없고 불행한 여자는 세상에 없을 것이다. 마츠코는 사랑하는 사람을 만날 때마다 세상에서 가장 행복한 여인이 되었다가 그 남자에게 버림받으면 인생이 끝났다고 생각한다.

처음 마츠코가 만난 남자는 자신이 다자이 오사무의 환생이라고 믿는 작가 지망생이었다. 욕설과 손찌검을 일삼던 그는 "태어나서 죄송합니다."라는 한 줄의 글을 원고지에 남긴 채 열차에 뛰어들어 자살해버린다.

인생이 끝났다고 생각했던 마츠코는 작가 지망생의 친구 오카노를 만나면서 웃음과 노래를 되찾는다. 'Happy Wednesday'를 부르는 마츠코의 얼굴은 행복으로 물들지만, 그녀가 그의 사랑을 확신한 순간 어이없는 이별이 닥친다. 오카노는 작가 지망생에 대한 열등감을 극복하기 위해 그녀를 만났던 것이다. 다시 혼자가 된 마츠코는 증기탕 마사지걸로 취직한다. 어느 정도 안정된 생활을 하던 마츠코는 오일 쇼크로 경기가 나빠지자 일자리를 잃고 고향을 찾아간다.

가출 후 처음 찾아간 집에서 마츠코는 돌아가신 아버지의 애정을 확인하고 당황한다. 아버지는 자신이 가출한 이후 하루도 빠짐없이 "마츠코에게 소식 없음"이라는 말을 일기 끝에 적어놓았다. 정신적 충격을 받은 마츠코는 자신을 붙드는 여동생을 밀쳐버리고 다시 집을 나와버린다. 마츠코는 자신이 표상해놓은 세계 속에서 여동생을 질투하고 아버지의 사랑을 갈구했던 것이다. 그 세계가 아버지나 여동생의 진심과는 상관없을지 모른다는 사실이 그녀를 혼란스럽게 만들었을 것이다.

정처 없이 헤매던 마츠코가 정신을 차리자 그녀의 옆에는 오노데라라는 건달이 있었다. 누군가가 필요했던 마츠코는 그 옆에 머물지만, 그는 마츠코가 벌어온 돈을 다른 여자에게 탕진한다. 말다툼 끝에 마츠코는 우발적으로 그를 찔러버린다.

오노데라를 죽인 마츠코는 다시 인생이 끝났다고 생각하고 자살을 시도한다. 자신을 사랑했던 유일한 남자는 작가 지망생이라 결론을 내린 그녀는 그가 존경했던 다자이 오사무가 자살한 상수원으로 떠난다. 그러나 수문을 막아서 물이 없는 상수원은 자살이 불가능했다. 그녀는 지나가던 이발사를 따라간다. 그리고 머리를 자른 마츠코는 "다른 사람으로 다시 태어난 기분"으로 그와 동거한다.

이발사 보조로, 그의 아내 역할로 거듭난 마츠코는 또다시 노래를 부르고 있다. 그러나 심술궂은 운명은 그녀의 노래가 끝나기도 전에 그녀를 감옥으로 보낸다.

이발사에 대한 사랑을 품고 8년 형기를 마치는 마츠코의 모습은 자기 방식대로 세계를 표상하는 그녀의 특징을 잘 보여준다. 마츠코는 한 번도 면회 온 적이 없는 이발사를 자기 세계 속에서 사랑하는 사람으로 붙박아놓고 "당신 하나만을 위해 살아갈 거야."라고 홀로 다짐했던 것이다.

마침내 출소한 마츠코가 부푼 가슴을 안고 이발소로 달려가지만 이미 그에게는 아내와 아이가 있었다. 마츠코는 눈물을 머금은 채 닫힌 문을 향해 "다녀왔습니다."라고 말하고 돌아선다.

다시 외톨이가 된 마츠코 앞에 나타난 인물은 마츠코의 인생길을 뒤바꿔놓은, 중학교 교사 시절 제자 류이다. 마츠코는 "여기 있어도 지옥, 밖에 있어도 지옥, 어느 쪽도 지옥이라면" 류가 있는 밖을 택하겠다고 마음먹고 그와 사랑에 빠진다. 마츠코는 매일 얻어맞으면서도 "괜찮아, 맞는 게 외톨이가 되는 것보다는 나아."라며 스스로를 위로한다.

"이 사람과 함께하면 지옥 끝까지 가겠어. 그게 내 행복이야."

류가 삶의 의미인 마츠코의 세계는 여지없이 다시 무너진다. 이후 마츠코는 "이제 아무도 믿지 않아. 이제 아무도 사랑하지 않아. 이제 아무도 내 인생에 들어오게 하지 않아."라는 선언을 하고 자신만이 존재하는 세계로 칩거해버린다.

〈혐오스런 마츠코의 일생〉 – 마츠코의 마지막 사랑 제자 류

〈밀양〉

로맨스, 드라마 | 2007년 |
한국 | 141분 | 15세 관람가

감독 : 이창동

▷ 저항했지만 좌절하는 신애의 삶

　〈밀양〉을 이루는 서사의 많은 부분이 교회와 관련 있지만 이 영화가 기독교 신앙에 관한 영화라고 보긴 어렵다. 마찬가지로 용서와 구원에 대한 이야기가 나오지만 이 영화가 과연 궁극적으로 용서나 구원을 이야기하는 영화인가 생각해볼 필요는 있다. 어쩌면 신앙, 용서, 구원이라는 주제는 〈밀양〉을 구성하는 '소재'일지도 모른다.

　그러면 과연 이 영화의 주제는 무엇인가? 이 영화의 진짜 주제는 인간이 파악할 수 없는 결코 합목적적이지 않은 바로 이 세계의 삭막하고 잔인한 실상이다. 쇼펜하우어가 말했듯 이 세계는 자기 자신의 '의지'대로 움직이고 있는데 인간은 그 '의지'의 속성을 도저히 알 수 없다.

그럼에도 불구하고 인간은 사건과 사물을 인과율에 따라 이해해야 하는 존재라서 자기 방식대로 세계를 인지하고 의미를 부여한다. 그것이 인간의 세계 표상의 행위이다. 〈밀양〉의 신애는 무자비한 '의지'를 품은 세계를 자신의 인간적 '의지'(신념)로 극복해 보려한 인물이다. 그러나 맹목적 의지를 지닌 세계와 맞서기에는 너무 가냘픈 존재인 그녀는 결국 세 번이나 좌절하고 만다.

그녀가 자신이 해석한 대로 세계를 표상했으나 번번이 무너지고 마는 것은 당연하다. 이 세계는 인간의 이성으로 파악하기에는 너무 거대하고 무자비하다. 달리 말해 무의미한 세계를 의미로 파악하는 인간의 시도는 성공하기 어려운 법이다.

이 영화의 서사는 긴 러닝타임에도 불구하고 의외로 간단하다. 신애가 아들 준을 데리고 밀양에 와서 정착하는 과정, 준이 유괴되어 사체로 발견된 후 신앙에 몰두하며 보내는 시간, 하느님을 조롱하고 신앙의 허위의식을 까발리기 위해 악전고투하는 모습까지가 영화의 본 줄거리이다. 이후 정신병원 입원과 퇴원은 일종의 에필로

그 같은 성격을 띤다.

이렇게 영화를 크게 세 부분으로 나누고 보면, 각각의 시기를 보내는 신애의 태도가 완전 딴 사람인 것처럼 다르다. 기독교에 대한 태도의 차이가 가장 두드러지는데 처음에는 보이지도 않는 것을 어떻게 믿느냐고 반발하고, 중반에는 보이는 것만 믿었던 자신의 어리석음을 반성하고, 나중에는 보이지 않는 대상인 신에 저항한다. 이런 태도는 표면적으로는 다른 양상이지만 심층의 작동 원리는 매한가지라고 할 수 있다. 신애는 자신이 표상한 세계 속에 누구보다도 깊이 빠져드는 사람인 것이다.

신애가 가족들에게 알리지도 않고 도망치듯 서울을 떠나 밀양에 온 사연도 보통 사람들 눈으로 보면 납득하기 힘들다. 신애가 밀양에 내려온 것 자체가 자기 방식대로 세계를 표상하려는 그녀의 고집 때문이다. 사정을 모르는 사람들이 보기에 신애의 행동은 죽은 남편에 대한 약간은 비정상적인 사랑으로 비춰진다. 동네 여인네들도 신애의 밀양 사랑, 아니 남편 사랑이 지극하다고 수군거린다.

그러나 사실을 알고 있는 신애의 가족이나 주변 사람들은 신애의 행동을 이해하지 못한다. 신애는 자신을 사랑하지 않는 남편, 자신을 배신한 남편을 지워버리고 다시 의미를 부여하기 위해 밀양에 온 것이다. 남편이 오직 신애와 준만을 사랑했다고 과거를 왜곡시켜 자신의 상처를 치유하기에 밀양은 가장 적합한 장소였다. 이 첫번째 신애의 주관적 세계 표상 행위는 준의 유괴로 인해 헛된 시도로 판명된다. 신애가 기독교를 받아들인 다음 보이는 태도도 교인이 아닌 사람들 눈에는 껄끄럽다. 교회에 나가면서부터 신애가 "행복하다"는 말을 입에 달고 살자 동네 여인들은 뭐가 그렇게 행복하냐고 묻는다. 남편은 교통사고로 죽고, 아들은 유괴되어 무참히 살해된 여인이 행복하다고 말하는 것은 사실 이상한 게 당연하다.

종교라는 틀로 세계를 표상하고 그 안에서 최고로 고양된 상태가 된 신애는 아들의 살해범을 면회 가기로 결심한다. 심지어 교인들조차도 굳이 면회까지 가서 용서해줄 필요가 있나 말하지만 신애는 고집을 굽히지 않고 살인범을 찾아간다. 그러나 그토록 굳건하게 쌓아올린 신애의 믿음은 그 짧은 만남으로 와르르 무너진다. 교도소에서 하느님을 영접하고 용서받았다는 살인범의 말은 신애의 신앙을 누더기처럼 초라하게 만든다.

이 다음부터 신애는 하느님이 만든 이 세계를 조롱하는 데 혼신의 힘을 쏟는다. 신애는 또다시 세 번째로 주관적인 표상 행위를 하는 것이다. 교회에 가서 분노에 찬 얼굴로 의자를 내리치고, 장로를 유혹해서 성관계를 갖고, 교인들이 모인 곳에서 돌을 던지고, 목사가 설교하는 야외 집회 장소에 "거짓말이야, 거짓말이야……"라는 노래가 울려퍼지게 한다. 이 모든 행동을 하면서 신애는 하늘을 올려다보고 "보여? 보이냐구?"라고 묻는다.

결국 신애는 자기 방식대로 세계를 표상했지만 그 안에서 행복하게 살아가지는 못한다. 그것은 신애의 방법이 주관적이어서만은 아니다. 신애의 방법은 스스로를 기만하는 억지스러움이 섞여 있기 때문에 힘이 약한 것이다. 신애와 정반대의 인물이 39살 노총각 카센터 사장 종찬이다. 종찬의 신앙은 신애의 것과는 다르다. 신애의 신앙이 자신을 전부 던지는 것이라면 종찬은 있는 듯 없는 듯 삶의 일부로 신앙을 흡수한다. 신애는 자아가 너무 강한 사람이지만 종찬은 자아가 별로 느껴지지 않는 사람이다. 자아가 강한 신애는 오히려 자신이 표상한 세계가 조금만 삐끗해도 상처받고 무너지지만 텅 비어 있는 듯한 종찬은 무엇에도 쉽게 무너지지 않는다. 종찬은 스펀지처럼 외부의 세계를 흡수하지만 흡수한 것과 기존의 것이 충돌하는 법이 없는 사람이다.

이것이 '속물' 종찬의 힘이다. 그는 비어 있는 주체로서 세계와 맞선다. 신애는 무언가를 채우기 위해 무언가를 밀어내는 사람이지만 종찬은 아무것도 버리지 않아도 무언가를 받아들일 공간이 무한정 재생되는 사람이다. 사실 신애는 종찬이 속물이라고 함부로 놀렸지만 진짜 속물은 신애이다. 그녀는 자존심을 지키기 위해 안간힘을 쓰며 남들과 다른 방식으로 살려고 버둥거린다. 그러나 한 꺼풀만 벗겨내고 보면 그녀가 지키려한 자존심의 기준은 세속적이다.

〈밀양〉 – 연약한 신애와 단단한 종찬

〈혐오스런 마츠코의 일생〉과 〈밀양〉은 둘 다 기구한 여인의 삶을 다루고 있지만 전혀 다른 영화 스타일을 갖고 있다. 전자가 화려한 화면 구성과 다채로운 영화적 기법을 구사한다는 점에서 표현주의적이라면 후자는 실제 밀양을 공간적 배경으로 사실주의적인 영상을 만들어냈다.

마츠코는 신앙인이 아니지만 그녀의 삶은 종교적 성격을 띤다. 마치 예수처럼 마츠코는 자신을 가장 낮은 곳에 임하게 하고 모든 시련을 겪어낸다. 마츠코의 인생을 두 번이나 망쳤던 류와 마츠코의 일생을 추적한 조카 쇼는 마츠코에게서 신을 발견한다. "용서받지 못할 자를 용서하고 사랑하는 것이 사랑"이라는 신부의 가르침에서 류는 마츠코를 떠올린다.

쇼는 "늘 상처받아 너덜너덜해지고 고독하고 철저하게 바보스러운" 마츠코의 모습이 신이라면 그런 신은 믿어도 좋다는 생각을 한다. 신애는 스스로 신의 품에 들어갔다가 제 발로 걸어 나와 신을 향해 돌을 던진다. 마츠코에 비한다면 신애는 훨씬 인간적이다. 견딜 수 없는 슬픔을 혼자 힘으로 극복할 수 없으니 신에 의존한다. 하지만 스스로 행복하다고 믿고 죄인을 용서했다고 생각하는 오만이 깨지자 다시 신을 미워한다. 몸을 던지고 돌을 던져도 감당할 수 없는 세계의 견고함에 그녀는 결국 손목을 긋고 정신을 놓아버린다.

이 두 영화는 에필로그라 할 수 있는 마지막 부분에서 결정적인 차이를 보여준다. 〈혐오스런 마츠코의 일생〉이 천상의 구원을 말하고 있다면, 〈밀양〉은 지상의 희망을 보여주고 있다. 마츠코의 생애는 비참하게 마감된다. 무려 13년 만에 마츠코가 세상으로 나오려하는 그 순간 마츠코는 허망한 최후를 맞는다. 그녀는 공원에서 놀던 철없던 중학생들이 휘두르는 야구 방망이에 맞아 인생을 마감한다. 겨우 다시 세상으로 발을 내딛는 마츠코가 아무 이유 없이 죽는 그곳이 바로 진짜 세계이다. 이후 덧붙여진 에필로그는 판타지이다. 마츠코는 하늘로 이어진 계단을 오르고 그 끝에서 여동생과 만난다.

반대로 〈밀양〉의 에필로그는 지상의 세계에서 한 줄기 빛을 찾아낸다. 자신의 이성으로 세계와 맞서려했던 신애는 아무리 몸부림쳐도 용서와 구원의 길에 도달하지 못하자 이성을 놓아버린다. 정신병원에서 치료를 마치고 겨우 다시 세상 속으로 나온 신애는 바로 그날 미용실에서 유괴범의 딸과 마주친다.

그때 신애는 오묘하고 복잡한 감정을 주체하지 못하고 머리를 자르다 말고 미용실을 뛰쳐나온다. 그리고 "왜 하필 오늘이야?"라고 울부짖는다. 신애는 아직 세계에 맞설 힘이 없다. 세계는 신애처럼 안간힘을 써서 대항하려고 하면 할수록 더 무자비하고 맹목적인 의지로 인간을 짓누른다.

영화의 마지막은 직접 머리를 자르려는 신애를 위해 종찬이 거울을 들어주는 장면이다. 오직 자기 방식대로 세계를 표상하려 했던 신애의 삶에 타인의 삶이 겹쳐지려는 기미가 포착된다. 두 사람을 비추던 카메라는 옆으로 돌아 마당 한 쪽을 비추는 햇볕을 보여주고 영화는 끝난다. 지상을 비추는 희망이라는 한 줄기 빛이 화면에 담기지만 이 빛은 너무 여리고 아득해 보인다.

5
남성의 탄생과 죽음의 공식

- 〈용서받지 못한 자〉, 〈비스티 보이즈〉

〈용서받지 못한 자〉

드라마, 코미디 | 2005년 |
한국 | 121분 | 15세 관람가

감독 : 윤종빈

▷ 폭력과 죄책감의 악순환 : 〈용서받지 못한 자〉

클린트 이스트우드의 유명한 서부극 〈용서받지 못한 자〉(1992)와 같은 제목의 〈용서받지 못한 자〉는 말 그대로 용서받지 못해 괴로운 자들의 이야기이다. 그런데 문제는 누가 무슨 죄를 지었고, 누가 누구를 용서하는가이다. 같은 내무반에서 생활하는 부대원들의 이야기와 제대한 고참을 찾아온 졸병의 이야기가 교차되는 이 영화에서, 부대 생활은 회상되는 과거이고 군대 선후배가 만나는 시간은 현재이다. 군대 이야기를 다룬 영화들이 있었지만 이 영화처럼 극사실적인 영화는 드물다. 공간, 대사, 소도구 일체가 '리얼' 그 자체이다.

태정은 제대한 지 얼마 되지 않은, 현재 일자리를 구하고 있는 평범한 청년이다. 어느 날 태정에게 군대 시절 후임인 승영으로부터 전화가 걸려온다. 다음 날 부대로 복귀해야 하는 승영은, 태정의 꺼리는 태도에도 불구하고 꼭 할 이야기가 있으니 만나자고 매달린다. 할 수 없이 승영을 만난 태정은 승영의 동의도 구하지 않고 여자친구를 부르고 셋은 매우 어색한 상태로 술을 마시게 된다.

이 영화는 태정과 승영이 속에 담아둔 말을 끝내지 못하고 지연시키는 데서 관객이 마음을 졸이고 긴장하도록 내러티브 전략을 짜고 있다. 승영은 태정에게 지훈 이야기를 하고 싶지만 입이 떨어지지 않아 계속 말을 빙빙 돌린다. "나 너무 힘들어서 죽고 싶어.", "오늘 꼭 할 얘기가 있어.", "혼자 있을 수가 없어." 이런 말들에 대한 태정의 반응은 "나 니가 왜 이러는지 알겠는데…… 기집애처럼 왜 이래?"에서 점점 짜증이 폭발하면 "정신 차려, 새끼야. 남자 새끼가……" 같은 험한 말로 변한다. 승영에게 하는 태정의 말에는 유독 남성성을 강조하는 표현들이 두드러지는데, 이는 태정이 승영이 하려는 말을 어떻게 짐작하고 있는지 보여주는 증거이다.

군 시절 태정은 카리스마 넘치는 리더형 인물이다. 졸병들을 윽박질러 군기를 세우는가 하면 담배를 주면서 풀어주는 등 채찍과 당근을 적재적소에 적용할 줄 안다. 이에 반해 태정과 중학교 동창이자 태정의 후임인 승영은 군대라는 조직의 생리에 강한 거부감을 느끼는 인물이다. 쉬는 시간에 내무반에서 이어폰을 꽂고 음악을 들어도 되는 건지, 언제부터 책을 읽어도 되는 건지 묻는 승영에게 태정은 어이없어 하면서 요령을 일러준다. "처음엔 그냥 시키는 대로 하면 돼. 먹으라면 먹고, 싸라면 싸고, 자라면 자고 그러면 돼." 그러나 이처럼 철저한 상명하복의 문화에 절대 동의할 수 없는 승영은 "난 진짜 군대가 이해가 안 돼."라고 내뱉는다. 바로 앞에 있는 슬리퍼 한 짝도 자기 손으로 가져다 신지 않고 굳이 졸병을 시키는 고참들의 행태를 승영은 도무지 이해할 수 없다. 그렇기에 자신 있게 "난 고참이 돼도 안 그럴 자신 있어.", "내가 고참이 되면 다 바꿀 거야."라고 단언한다.

이 영화의 아이러니는 태정의 제대 후 시작된다. 군대에서 소위 말하는 FM의 전형이던 태정은 제대 후 외모부터 완전 딴판의 모습을 보인다. 단정한 머리와 빳빳한 군복을 입고 있던 태정이 제대한 뒤에는 펑크스타일의 부스스한 머리를 하고 힙합 바지에 민소매 티셔츠를 입은 채 건들건들한 말투로 이야기한다. 태정이 변한 걸까? 아니다. 태정은 있는 그대로인데 이렇게 외모가 달라진 이유는 어디에 있는가. 〈용서받지 못한 자〉에 나오는 군인들은 모두 "~지 말입니다." "~데 말입니다."라는 말투를 쓴다. 군대가 사람을 획일화시키는 여러 방법 중에 어쩌면 언어가 가장 중요한 부분을 차지하는지도 모른다. 연대생인 승영이 전문대 나온 고참에게 어이없는 소리를 들어도 아무 반박할 수 없는 곳이 군대이다. 언어는 계급을 구별 짓는 중요한 기준이다.

〈용서받지 못한 자〉 – 휴가중 찾아온 승영이 부담스러운 태정

마초적인 기질이 있는 태정은 누구보다 군대에 잘 적응했고 나름대로 리더십을 발휘하여 부대를 잘 통솔하였으나, 제대와 함께 태정은 다시 본래 속했던 사회 계급으로 되돌아가야 했다. 여자 친구에게 일용직 일자리를 주선해달라고 말하는 위치에 있는 태정은 그런 의미에서 자신에게 걸맞은 복장과 말투를 되찾은 것이다. 영화에는 삭제되어 있지만, 감독의 말에 의하면 제대 후 태정은 발레파킹 일을 하는 것으로 설정되었다고 한다.

▷ 죄를 고백할 대상이 없는 세상

바야흐로 태정이 제대하고 승영이 상병이 되었을 때 그는 놀랄 만큼 변한다. 내무반의 실세에게 중대장실에서 흘러나온 군화와 군복을 상납하고 자신의 성기 부위를 툭 치는 고참의 손길도 무심히 넘긴다. 과거 후임병을 성희롱하던 고참에게 강하게 대들던 모습과는 딴판이다. 군대라는 조직 문화에 적응이 된 승영은 예전 고참들의 시각에 자기도 모르게 물든 것이다. 승영은 어느덧 말투도 태정을 닮아간다.

"너 내무실 가서 대가리 박고 있어. 내가 오늘 너 죽여버릴 테니까."

승영은 실연당해서 얼이 빠진 후임의 사정을 헤아리기보다는 자신을 무시하는 것으로 먼저 받아들인다. 어쨌든 승영은 조직의 폭력적 구도 안으로 편입되었지만 끝내 적응하지 못한 지훈은 목을 맨다. 승영의 죄책감은 꿈을 통해 표현된다. 승영의 꿈에는 이미 제대한 태정과 자살한 지훈이 다정하게 앉아서 뻥튀기를 나눠 먹는다.

"이승영 상병님은 정말 좋은 분 같습니다."라는 꿈속 지훈의 말은 승영의 죄책감을 여실히 보여주는 환상이다.

승영이 그토록 애타게 태정을 찾았던 건 태정이라면 자신을 이해해줄 거라고 생각해서이다. 승영은 여관방에서 죽고 싶다고 고백한다. 그리고는 잠을 청하는 태정을 집요하게 추궁한다.

"넌 군 생활 어떻게 견뎠어?"
"나한테 그러고 나서 힘들지 않았어?"

사실 태정은 같은 부대원들을 만나고 싶지도 않고 부대 이야기에는 관심도 없다. 동창이 아니라면 승영도 만나지 않았을 것이다. 태정은 자신이 건너온 진창을 되돌아보고 싶지 않은 평범한 남성이다. 어떻게 하든지 하룻밤을 지내고 승영을 돌려보내려던 태정은 더 이상 견디지 못하고 짜증을 내며 여관을 나간다. 마음에 걸린 태정이 여관방으로 다시 돌아오지만 이미 승영은 손목을 그은 뒤다. 이제 승영의 죄책감은 태정에게로 넘어간다. 누구에게도 털어놓고 위로받지 못한 승영처럼 태정도 자신의 죄책감을 나눠질 사람이 없다. 아무것도 모르고 승영의 복귀를 묻는 여자 친구에게 선뜻 거짓말을 하지 못하는 태정은 화장실 거울을 보며 "잘 들어갔어."라는 대사를 연습한다. 이제 태정은 진실을 이야기하는 사람이 아닌 필요한 대사를 읊는 어른이 된 것이다.

〈용서받지 못한 자〉 – 군 시절 친절했던 선임 태정

과거 제대 직전 태정이 승영에게 했던 충고처럼, 사회에 나가기 전 "어른이 먼저 돼야" 하는 우리 사회의 남자들은 혹독한 성인식을 치루고 나서야 유년기를 마감하지만 더 잔인한 밥벌이의 법칙에 적응해야 하는 미션만이 그들을 기다리고 있다.

하정우　　　　　윤계상

우리의 밤은
당신의 낮보다 화려하다!

비스티
보이즈

〈비스티 보이즈〉

드라마, 코미디 | 2008년 |
한국 | 123분 | 청소년 관람불가

감독 : 윤종빈

▷ '돈'이 척도가 되는 인간 관계의 종말 : 〈비스티 보이즈〉

　현미경처럼 조직의 생리를 들여다보는 윤종빈 감독 특유의 시선
이 머문 두 번째 자리는 호스트바이다. 호스트 승우는 연인 지원이
자신의 남성성을 확인시켜줄 유일한 존재라고 생각한다. 호스트 바
마담 재현은 '공사'를 하는 여성에게 사랑한다는 말을 남발한다. 재
현은 말끝마다 "파이팅!"과 "느낌"을 외치지만 그 말들은 모두 공허
한 메아리이다. 재현 자신은 전혀 파이팅 하는 인생을 살고 있지 않
으며 그는 아무것도 느끼는 것이 없는 속 빈 강정 같은 사람이기 때
문이다. 승우에게도 사랑은 자신의 존재 증명을 위한 필수적인 조

건이었고, 재현에게 사랑은 자신의 실존적 상황을 해결할 필요한 조건이었다. 그러나 이들을 끊임없이 시험에 들게 하는 것은 결국 돈이다.

〈비스티 보이즈〉의 영어 제목은 'The Moonlight of Seoul'이다. 이 제목은 과거 한석규가 제비로 출연했던 드라마 〈서울의 달〉이나 김승옥의 빼어난 단편 〈서울의 달빛 0장〉을 연상시킨다. 감독은 두 가지를 모두 염두에 두었다고 한다. 〈비스티 보이즈〉 중간쯤에 이런 장면이 나온다. 승우가 몰고 가는 차는 우회전을 하는데 카메라는 계속 직진을 하면서 위로 올라간다. 이건 명백히 스토리를 따라가는 카메라가 아니다. 카메라는 화려한 네온사인이 반사되는 도시의 밤거리를 비춘다. 여기서 주인공은 도심의 밤거리이다. 승우도 재현도 결국 자신의 의지대로 사는 것이 아니라 밤거리를 지배하는 자본의 구조에서 쳇바퀴를 도는 것이다. 군대처럼 계급에 의한 폭력이 직접적으로 노출되지는 않지만 여기는 돈으로 사람을 사고파는 더 무서운 폭력이 일상에 파고들어와 있다.

〈비스티 보이즈〉가 감독이 의도한 대로 '강남의 천박한 자본주의'

를 얼마나 성공적으로 보여주었는지 평가하는 일은 보다 섬세한 검토가 필요하겠지만 달빛 아래 부유하는 청춘 남성에 대한 촘촘한 보고서임에는 분명해 보인다. 출구 없고 동정 없는 세상을 비추는 달빛만이 만인에게 평등한 곳에서 남자들은 죽어야 사는 역설을 몸으로 체득해서 살아간다.

▷ 애완(Beastie)에서 야수(Beast) 사이를 오가는 남자들

〈비스티 보이즈〉후반에 나오는 승우의 꿈 장면은 돈과 여자에 대한 남성의 욕망이 어떻게 꿈을 통해 표출되는지 보여준다. 강남에서만 26년을 살아온 승우는 어린 시절 부유한 환경에서 자랐으나 집안이 몰락하면서 누나는 술집에서, 자신은 호스트바에서 일하게 되었다. 어린 시절 가난했던 동네 친구는 졸부가 되어 거들먹거리고 엄마는 자신을 먹여 살려 줄 아저씨와 재혼하려 한다. 이 영화에서 호스트는 윤종빈 감독의 말대로 그저 직업일 뿐이다. 물론 흥행을 위한 상업적인 고려에서 고른 직업이긴 하지만, 호스트를 평범한 샐러리맨이나 자영업자로 바꾼다 해도 자본주의 사회에서 남성

의 욕망과 좌절 자체가 변하지는 않는다. 꿈에서 승우는 고급 보석 가게 안에 여자 친구와 함께 있다. 여자는 값비싼 반지를 고르고 승우는 흐뭇해하면서 가게 문을 나서려 한다. 바로 그 순간 종업원은 계산을 하고 가라고 승우의 옷자락을 잡고, 승우는 "여긴 우리 엄마 가게야."라고 소리친다. 이런 소동이 벌어졌는데 승우의 여자 친구와 승우의 엄마는 저쪽에서 아무 소리도 들리지 않은 듯 다정하게 담소를 나눌 뿐 승우를 바라보지 않는다.

꿈에서 승우는 물려받은 부를 여자에게 과시하는 존재가 되고 싶어한다. 여기서 '엄마 가게'라는 설정은 인상적이다. 현실에서 승우의 아버지가 부재하므로 그렇게 표현되었다고 추론할 수 있지만 엄마 가게여야만 하는 이유가 따로 있다. 즉, 승우는 부는 물려받되 자신이 '가장'이고 싶은 것이다. 꿈에서 여자 친구로 등장한 사람이 지원이 아니라 첫 장면에서 승우에게 골프장 회원권을 주는 단골손님인 이유도 자기가 기생했던 여자에게 통쾌하게 복수하면서 남성성을 회복하고 싶기 때문이다. 꿈에서 승우는 속어로 호스트를 의미하는 '비스티 보이(Beastie Boy)'에서 세상을 제압하는 '야수(Beast)'로 변신하길 원했으나 변신은 불가능했다.

어쩌면 사족 같고 어쩌면 주제를 드러내는 가장 중요한 장면인 마지막 시퀀스는 남성이 죽지 않고 살아가는 방법이 무엇인지 일러준다. 과장을 보태자면 사회적 인간으로서 '남성'이 탄생되는 방법이기도 하다. 일본의 화려한 도심에서 재현은 여전히 '비스티 보이'로 살아가고 있다. 어설픈 일본어로 일본 여성을 상대하는 그는 오늘도 '공사'를 꿈꾼다. 자신이 공사 대상으로 잡은 여자가 혹시 야쿠자 애인은 아닐까 하는 만화 같은 공상도 하지만 그에게 심각한 건 아무것도 없다. 실없는 소리를 지껄이며 손에는 꼬치구이를 하나 들고 건들건들 밤거리로 사라진다. 일용할 양식을 벌기 위해 애완(Beastie)의 삶을 살며 허황된 대박의 꿈을 꾸는 재현이 과연 멀리 떨어진 곳에서 존재하는 이상한 인물인가?

〈비스티보이즈〉 – 밤거리를 헤매는 애완의 남자들

6
생존 성적표가 남긴 의문들

- 〈기생충〉에 대한 질문

〈기생충〉

드라마, 스릴러 | 2019년 |
한국 | 131분 | 15세 관람가

감독 : 봉준호

〈기생충〉(2019)에는 세 가족이 등장한다. 집주인 박 사장 가족, 반지하 셋방에 사는 기택 가족, 박 사장 집에서 집사 일을 하는 문광 부부, 이렇게 세 가족이 한 집 안에서 각기 다른 영역을 차지하고 살아간다. 잘 나가는 IT 업계 CEO 박 사장, 그의 젊고 아름다운 아내 연교, 고등학생 딸 다정, 막내아들 다송은 건축가의 솜씨가 돋보이는 예술적인 이층 저택에서 풍요로운 생활을 누린다. 기택 가족은 한 명씩 연결 연결로 박 사장 집에 취업해서 저택을 일부 공유한다. 기택 가족의 음모로 해고당한 전 집사 문광은 기택 가족 이전에 이미 이 집에 서식하고 있던 인물이다. 집사인 문광이 집 안팎을 자유롭게 돌아다니는 동안 사채업자에게 쫓기는 그녀의 남편 근세는 4년이 넘도록 비밀 지하공간에 숨어살고 있었다.

관객들은 영화 제목을 보고 기택 가족이 박 사장 가족을 숙주로 삼은 기생충이라 생각할 수 있다. 그러나 진정한 숙주는 '집'이다. 건축가 남궁현자가 지었다는 이 집은 여러 주인을 거치면서 모든 풍파에도 불구하고 여전히 건재한 채 새로운 주인을 기다리고 있다.

이 집은 자신의 몸으로 들어온 기생충들을 죽이기도 하고 살리기도 하는 진정한 숙주다. 박 사장 가족, 문광 부부, 기택 가족의 생존 성적표를 보면 기생충들의 운명을 한눈에 알 수 있다. 이들의 생사 여부를 정리하면 다음과 같다. (O : 생존, X : 사망, △ : 감금, ? : 불명)

박 사장네	아버지(X), 엄마(?), 딸(?), 아들(?)
기택네	아버지(△), 엄마(O), 딸(X), 아들(O)
문광부부	아내(X), 남편(X)

표현이 이상하지만, 세 가족의 생사 여부 현황으로 성적을 매긴다면 두 명의 완전한 생존과 한 명의 불완전한 생존이라는 성적을 받은 기택네가 가장 우수하다. 기생충이 숙주를 이긴 셈이라고 말할 수도 있을 것이다. 그런데 과연 기택네 가족을 기생충으로 봐야 할지 의문이 든다. 기택의 아들 기우는 거짓 재학 증명서를 위조해 가면서 "조금 먼저 서류를 뗀 것"이라고 합리화한다. 사실 기택네 가족은 졸업장이나 증명서가 없을 뿐 맡은 일을 하는 데는 아무 문제가 없다.

이런 경우 우리는 도덕적 혼란에 빠질 수 있다. 일만 잘하면 됐지

좋잇장에 불과한 승명서가 과연 필요한가? 이런 의문까지도 든다. 그러나 이는 도덕적 근간을 뒤흔드는 단초가 될 수 있다. 작은 벽돌들이 쌓여 담을 만들고 나아가 건물을 짓는다고 할 때 중간중간 벽돌이 빠진다면 언젠가는 건물이 붕괴될 수도 있기 때문이다. 박 사장의 벤처 회사 이름이 'another brick'이라는 점은 의미심장하다. 젠가 게임처럼 벽돌을 한 개 뺐을 때 바로 무너지지는 않지만 한계점에 이르면 와르르 무너지고 만다. 영화의 마지막 다송의 생일파티는 젠가가 무너지는 대파국의 지점이 된다.

〈기생충〉 – 반지하 방에 모인 기택 가족

기택 가족을 현실적인 기준으로 보면 미스터리한 면이 많다. 기우는 무려 네 번 수시를 쳤고, 기정은 세 번이나 미대 입시를 봤는데 둘 다 전부 낙방했다. 기우는 명문대생 친구 민혁도 인정하고 실제 고등학생 영어 과외를 너끈히 해내는 걸로 보아 실력이 부족한 것 같지 않다. 확인할 수는 없었지만 기정도 실력이 없어 보이지 않는다. 그런데 왜 이 남매는 도합 7번이나 낙방을 한 것일까? 실력 외로 작용하는 입시 제도의 문제가 있는 건가? 재수, 삼수 비용이 만만치 않을 텐데, 그것도 미대 입시 비용은 상상초월의 수준일 텐데 이 가족은 무슨 돈으로 그 비용을 댔을까? 기택이 치킨집, 카스테라집을 운영하다 망하고 대리기사까지 한 전력이 대사 속에 등장하지만 현재 이들 전 가족은 백수로 지내고 있다. 현실적으로 저렇게 가난한 집에서 여러 차례 입시를 지원한다는 것은 불가능해 보인다. 전 가족이 피자 박스 접는 아르바이트를 하는 장면이 나오긴 하지만 온 가족이 나가서 시급을 받는 알바를 한다면 더 많은 돈을 벌 수 있는데 왜 모두 좁은 집에 모여 있는 건지 의문이 든다. 피자 박스조차 불량이 많아서 개수대로 돈을 지급받지도 못한다.

봉준호 감독의 〈괴물〉(2006)의 영어 제목은 'The Host'(숙주)이다. 그렇게 본다면 〈괴물〉과 〈기생충〉은 '숙주-기생충'이라는 하나의 쌍을 이룬다. 〈괴물〉에서 미군 실험으로 오염된 한강과 개인주의에 함몰된 사회는 괴물이 사는 숙주였는데, 〈기생충〉에서는 박 사장네 집이라는 훨씬 축소되고 폐쇄된 공간으로 숙주의 모습이 바뀌게 된다. 숙주가 무엇인가 규정하는 것은 중요하다. 기택 가족은 박 사장 가족에게 기생한다기보다 박 사장네 집을 숙주로 삼아 거기에 기생하는 것이다. 돈은 박 사장이 주지만 기택 가족이 정말로 필요한 것은 주거의 공간이다. 이들이 일용할 양식을 버는 것과 집을 살 돈을 버는 것은 같은 얘기일 수 없다. 기택네 네 식구가 운이 좋아 계속 일을 하고 꾸준히 저축을 한다 해도 무일푼인 이들이 집을 살 수 있을지 의문이다. 그럼, 〈기생충〉은 가난한 자는 영원히 어떤 공간에 기생해서 살아야 한다는 이야기를 하려는 영화일까?

〈기생충〉 – 산수경석을 의미심장하게 살펴보는 기택

이 영화는 특히 아버지들에게 가혹하다. 기택은 영화 초반부터 벌레와 유비 관계를 이룬다. 기택이 앉아 있는 식탁 위로 곱등이가 떨어지는 초반은 집중호우가 쏟아진 날로 이어져 기택의 이미지를 완성한다. 박 사장네 거실에서 술파티를 벌이던 중 기택은 충숙의 한마디에 발끈한다. 충숙은 기택을 '바퀴벌레'라고 놀렸고 기택은 화기애애하던 분위기가 냉랭해질 정도로 화를 낸다. 싸늘한 분위기는 무마되었지만 박 사장네가 갑작스레 돌아오고, 기택네 가족이 한 명씩 도망치는 장면에서 유독 기택만이 벌레처럼 꿈틀꿈틀 기어서 계단까지 도망친다.

〈괴물〉과 〈기생충〉이 하나의 쌍을 이루는 영화라면, 〈괴물〉에서 그나마 우호적으로 그려졌던 아버지가 〈기생충〉에서는 가차 없이 제거된다. 〈괴물〉은 애초 엄마의 자리가 비어 있었다. 무능한 아빠가 겨우 자기 딸과 남자아이를 구해서 밥을 먹는 장면으로 영화가 끝났다. 엄마 자리는 비었지만 그래도 가장 구실을 하는 아버지가 유사 가족을 꾸려서 살아가는 나름대로 희망적인 메시지로 막을 내렸다. 하지만 〈기생충〉에서 아버지(남편)들은 모두 죽거나 사회적으로 사망 상태가 된다. 박 사장은 칼에 찔려 죽고, 근세도 꼬치구이

쇠꼬챙이에 찔려 죽는다. 기택은 살아남지만 지하에 유폐되어 사회와 완전 격리된 채 목숨만 부지하게 된다. 아버지를 다 죽여버리는 이 영화는 기성세대와의 완벽한 단절을 주장하려는 것인지 말끔히 해석되지 않는다.

▷ 믿음의 카르텔

박 사장 부부가 갖고 있는 믿음의 카르텔에는 묘한 부분이 있다. 구체적으로 드러나지 않지만 믿음의 카르텔에는 '성적 결합'이 암시된다.

민혁이 기우에게 다혜 엄마, 즉 연교를 설명하면서 좋은 분이라는 설명을 넘어 "난 좋았어."라는 말을 두 번이나 강조한다. 연교 역시 기우 앞에서 민혁을 언급하면서 "난 좋았어."라고 역시 두 번 되풀이 한다. 말하는 표정이나 태도로 보아 성적인 함의를 갖고 있는 혼잣말이라고 봐야 할 것이다.

봉준호 감독은 이런 능청스런 연출을 잘 한다. 〈마더〉에서 특히 그런 특징이 두드러졌는데, 김혜자가 아들을 구명하기 위해 동네 남자들을 찾아다니면서 "우리 사이에 이럴 수 있어?"라는 말을 반복한다. 아들 친구 진구와의 관계도 기묘하다. 친구도 없는 집에서 러닝셔츠 바람으로 혼자 있던 진구는 김혜자가 집에 오자 "어디 갔다 이제 와?"라는 반말을 한다. 김혜자와 동네 남자들, 아들 원빈, 아들 친구 진구, 이들의 관계는 수면 아래 적당히 덮여 있어서 두드러지지 않았지만 분명 문제적이다.

민혁과 연교의 관계 역시 대사로만 지나갔지만 심상치 않은 것은 충분히 감지할 수 있다. 박 사장 가족은 성적으로 자유분방해 보인다. 운전기사를 내쫓기 위한 기정의 계략으로 차 안에 떨어진 팬티를 집어든 박 사장은 아내에게 운전기사의 행태에 대해 분노하며 조용히 처리할 것을 부탁한다. 그러면서 부부는 운전기사가 혹시 약을 한 것은 아닌지 의심한다. 그때 둘의 대화를 보면 둘은 과거에 약을 했던 경력이 있다는 걸 추론할 수 있다. 경찰에 신고하지 않는 이유도 자신들의 과거가 쓸데없이 끄집어내질까 두려워서이다. 이를 더 확실하게 알려주는 장면은 폭우가 쏟아진 날 소파에서 부부가 벌

이는 애정 행가에 담겨 있다. 흥분한 연교는 세속 "마약 사 줘."라고
외친다.

고등학생 다혜도 당돌하기는 마찬가지다. 기우를 유혹하고 미래
까지 약속한다. 아마도 민혁과도 비슷한 관계를 맺었을 걸로 보인
다. 즉, 박 사장 가족이 신뢰하는 믿음의 카르텔에는 성적 방종이 양
념처럼 끼어들어 있다.

산수경석(山水景石)의 순환

〈기생충〉은 상징 과잉의 영화다. 산, 계곡 등 자연의 모습을 갖춘
수석 '산수경석'은 영화의 처음부터 끝까지 계속 등장하는 중요한 소
품이다. 재물과 행운을 가져다준다는 이사 선물에서 출발한 이 돌
덩어리는 결정적인 순간 살인의 도구가 되고 마지막에는 애초 자신
이 놓여 있었을 계곡물 아래로 돌아간다. 자연 속에서는 그저 돌덩
어리였을 수석은 인간 사회에서는 특별한 기능을 갖게 된다. 수석
은 상징적 의미를 지닌 장식품으로 교환되지만 특별한 경우 개인의

필요에 따라 도구가 되기도 하고 흉기가 될 수도 있다.

〈기생충〉에서 격렬한 몸싸움은 같은 계급 내에서 벌어진다. 문광과 근세는 지하실에 사는 것을 눈감아 달라고 빌며 뇌물까지 주려하지만, 충숙과 기택은 매몰차게 거절하고 이들을 내쫓으려 한다. 몸싸움이 벌어지고 처음에는 열세에 몰리던 문광과 근세가 기택 가족동영상을 찍자 판은 뒤집힌다. 동영상을 연교에게 보내겠다는 문광의 협박에 기택 가족은 거실 구석에 꿇어앉아 손을 들고 벌을 선다. 문광은 근세에게 마사지를 해주며 종북 개그를 한다. 북한 중앙방송 여성 앵커 목소리를 흉내 내어 북한 미사일이 간악한 기택 가족의 턱 밑에 떨어질 것이라고 조롱한다.

이 대목에서 의아한 생각이 든다. 우선, 기택네 가족은 자신들에게 필요하지도 않은 지하실을 왜 근세에게 내줄 생각을 하지 않을까 생각해볼 수 있다. 이와 함께 종북 개그 자체는 기발하고 재미있지만, 기택 가족에게 미사일을 쏜다는 내용은 듣기 따라 섬뜩하기도 하다. 결국, 지상도 아닌 지하실을 놓고 같은 계급의 두 가족은 미사일 공격까지 해대며 싸우는 것이다. 이 싸움은 끝내는 살인으로 귀결된다.

산수경석은 애초 기우에게 속한 물건이다. 기우는 홍수로 흙탕물 바다가 된 반지하 집안에서 수석을 챙겨 나온다. 수해로 동네 사람들이 긴급 피난 온 체육관 바닥에서 잠을 자면서도 기우는 수석을 가슴에 꼭 안고 잔다. 기우는 이날 '계획'을 세운다. 그 계획은 근세를 죽이는 것이다. 하지만 계획대로 근세를 죽이기는커녕 자신이 돌에 머리를 얻어맞고 만다. 행운과 재물을 가져다준다는 산수경석은 가난한 자들 사이를 떠돌며 살인 도구로 전락한다. 부유한 민혁의 할아버지 집에서는 귀하게 모셔 놓았을 돌이 가난한 집으로 와서는 무기가 되어버리는 쓸쓸한 순환이 벌어지고 피를 묻히고서야 돌은 제자리로 간다.

▷ 계단과 모스 부호, 감금과 구원

웨스 크레이븐 감독의 절묘한 B급 호러물 〈공포의 계단(The People under the Stairs)〉(1993)은 계단을 사이에 둔 지하와 지상의 의미를 명확히 보여주는 대표적인 작품으로, 빈민가 흑인 소년이 백인 중산층 집에 금화를 훔치러 들어갔다가 지하실의 비밀을 발견하고 문제를 해결하는 소동극이다. 아픈 엄마, 임신한 누나, 어린 동생의 가장 역할을 해야 하는 소년은 집세를 못 내 퇴거명령을 받고 어떻게든지 돈을 마련하기 위해 강도 일당을 돕게 된다. 이 영화에서 지상과 지하는 정확하게 계급, 계층을 지시한다. 지상에 사는 중산층 백인 부부는 아이들을 유괴하고 자신들이 원하는 완벽한 아이가 아니라는 이유로 신체를 훼손해서 지하실에 가둬버린다.

실은 이들은 부부가 아니라 남매로 이 둘의 조상은 먼 과거에 장례 사업을 하다가 부동산 업자로 변신해 돈을 벌어왔다. 인근 슬럼가 거의 대부분의 땅과 건물이 이들 소유로 집세를 못 내는 세입자는 인정사정 봐주지 않고 내쫓아버리고 그 자리에는 고수익을 낼 수 있는 콘도를 짓는다. 이 부부 아니 남매의 악행은 이루 말할 수 없을 지경이다. 지하실에 가둔 아이들에게 약간의 고기(아마도 인육)와 플래시 몇 개를 던져 주고 가축보다 못한 취급을 한다. 근친상간, 살인, 인육 섭취 등 온갖 죄가 자행되는 집의 모습은 괴기스럽고 어수선하고 지저분해 보인다.

〈기생충〉에 어둡고 축축한 지하실이 숨겨져 있다면, 〈공포의 계단〉에는 지상 자체도 이중적인 면모로 그려진다. 경찰들이 집을 조사할 때 집안 모습은 전형적인 중산층 가정의 모습으로 변한다. 고풍스러운 가구와 고상한 취미가 엿보이는 장식품들로 채워진 거실은 똑같은 장소인데 전혀 달라 보인다. 겉보기에 번듯한 중산층의 삶에 내재된 탐욕과 잔혹한 속성을 공포영화 장르로 절묘하게 꼬집은 영화다.

〈기생충〉에서 계단은 두 가지로 나타난다. 박 사장 집 깊은 곳에 숨겨진 지하공간으로 내려가는 계단과 기택 가족이 홍수가 난 날 집으로 가기 위해 끝도 없이 걸어 내려가는 거리의 계단들이 그것이다. 집 안의 계단과 집 밖의 계단은 상징이라기엔 의미가 너무 분명하다. 돈이 있는 상층 인간과 돈이 없는 하류 인생 사이에 놓인 계단은 한없이 길고 깊고, 한번 아래로 내려가면 다시는 올라올 수 없다. 물 폭탄이 쏟아지는 밤 흘러넘치는 물은 기택 가족과 함께 한없이 아래로 내려간다. 지하실에 갇혀 살던 근세는 밖으로 나오는 순간 바로 죽음을 맞이하고 문광은 지하에서 죽어간다. 지하로 숨어든 기택도 기약 없는 지하생활자로 남는다. 아들은 아버지를 구하겠다고 다짐하지만 공허한 바람소리로 들린다. 아들은 계획이 있다고 하고, 아버지는 무계획이 최고의 계획이라고 말한다. 하지만 이들에게 계획이 있거나 없거나 다를 바가 없다. 계획은 실현 가능성이 어느 정도 있어야 의미가 있는 것이지 실현 가능성이 전혀 없다면 그건 공상에 불과하다.

모스 부호는 지하와 지상을 연결하고 비밀을 풀 수 있는 핵심 키워드다. 박 사장의 막내아들은 유일하게 지하에 사는 근세를 목격했고, 근세가 보내는 신호를 이해한다. 한밤중에 지하에서 올라온 근세를 보고 까무러친 다송은 진실을 얘기하지 않고 식구들은 애가 헛것을 보고 정신적 충격을 받았다고 생각한다. 아마도 다송은 아이 입장에서 도저히 믿기지 않는 일을 어른들에게 설명할 수 없었을 것이다. 근세는 매일 밤 박 사장이 퇴근할 때 그에게 존경의 마음을 담아 이마로 센서등 버튼을 눌러 신호를 보낸다. "리스펙트"라는 근세의 외침은 조금의 비아냥거림도 없는 순수한 마음이다. 누추한 곳이지만 자신에게 숙식을 제공하는 박 사장에게 고마움을 표현하는 그의 언행은 도가 지나쳐 괴상하기까지 하다. 엄밀히 말하면 박 사장은 그런 공간이 있는지도 모르고, 그가 섭취하는 음식은 아내 문광의 돈으로 구입한 것이다. 그렇다면 근세는 엉뚱한 사람에게 김사와 존경을 표하는 것이다.

〈기생충〉은 의도했든 아니든 계급 갈등을 떠올리지 않을 수 없다. 그런 마당에 의미를 모호함으로 뭉개버린다면 관객은 곤혹스러울 수밖에 없다. 근세를 대체해 지하에 갇힌 기택은 아들에게 모스 부호로 편지를 쓴다. 이는 좀 더 현실적인 행위다. 가능성은 낮지만 아들이 부호를 수신할 수도 있으니까 말이다. 드디어 아들은 아버지의 편지를 수신하고 아버지를 구하겠다는 계획을 세운다. 그런데 그 계획은 황당하게도 돈을 많이 벌어 집을 사겠다는 것이다. 엄청난 낙관론자가 아니라면 아들이 그 집을 살 수 있으리라 생각하지 않는다. 그렇게 영화는 황당한 다짐으로 끝나고 만다. 국가전복 정도의 사건이 일어나야 가능한 일이다. 그렇다면 구원은 애초에 불가능하다는 것이다.

〈기생충〉은 계급 상승이 불가능한 현 세태를 정확하게 고발하는 영화인가? 낭만적인 비전으로 미래를 낙관하는 예언적 영화인가? 알쏭달쏭하다.

제2부

선택과 판단이라는 삶의 명령

1
삶과 죽음의 무한 도킹

- 〈그래비티〉

〈그래비티〉

SF, 드라마 | 2013년 |
미국 | 90분 | 12세 관람가

감독 : 알폰소 쿠아론

지구와 다른 중력 법칙이 존재하는 곳에서 인간은 어떤 방식으로 활동하게 될까? 알폰소 쿠아론 감독이 선보인 블록버스터 우주 오페라(space opera) 〈그래비티〉(2013)는 이와 같은 원초적인 궁금증에서 출발한다. 이미 우주를 배경으로 한 영화들이 있었고, 우주인들의 훈련에 관한 뉴스도 전해지고 있어 전혀 짐작 못하는 바는 아니다. 우주복을 입고 둥둥 떠다니는 모습은 누구나 떠올릴 수 있다. 하지만 6천km 지구 상공에서 허블 망원경을 수리하는 우주인들이 어떻게 작업을 수행하고, 무슨 이야기를 나누는지 우리는 잘 알지 못한다. 〈그래비티〉는 관객도 그 공간에 함께 존재하는 체험을 선사한다는 점에서 이전 영화들과 차별화된다. 인류를 위협하는 외계인(〈에이리언〉(리들리 스콧, 1979))도 없고, 거대 자본의 음모(〈엘리시움〉(닐 블롬캠프, 2013))도 없다. 인류의 기원을 찾는 숭고한 열정(〈프로메테우스〉(리들리 스콧, 2012))은 더더욱 없다. 초월적인 암흑물질(〈솔라리스〉(안드레이 타르코프스키, 1972))에 대한 탐구도 〈그래비티〉의 관심사는 아니다.

놀랍도록 단순한 이 영화의 서사는 한 문장으로 요약된다. 초보 여성 우주인 한 명이 생존 가능성이 거의 없는 상황에서 역경을 뚫고 홀로 지구로 귀환한다. 기대와 우려를 안고 선진해온 3D 영화는 이제 자기 자리를 제대로 마련한 것 같다. 한때 판타지 어드벤처물만이 3D 영화의 답이라는 견해도 있었고, 복잡한 서사와 관념적인 주제는 3D 영화에 적합하지 않다는 평가도 있었다. 주인공이 지구로 돌아오기 위해 사투를 벌이는 동안 〈그래비티〉는 블록버스터 상업영화의 서사 공식, 진짜 볼거리를 제공해야 하는 3D 영화의 과제, 알폰소 쿠아론이라는 감독의 명성에 걸맞은 사색적인 주제를 최적의 비율로 조합하기 위해 외로운 투쟁을 벌였다. 결과적으로 신기원의 우주 오페라가 탄생되었다고 말할 수 있다.

▷ 무의미하고 기나긴 수다의 의미

줄거리와 별 관련 없는 수다가 등장하는 영화들이 있다. 쿠엔틴 타란티노의 〈저수지의 개들〉(1992)이 대표적이다. 마돈나의 노래에 관한 쓸데없는 해석을 비롯해 지인들에 대한 험담 등 쉴 새 없이 이어지는 수다는 이후 스토리와 아무 인과관계도 없이 무의미하다. 이 무의미한 수다의 역할은 〈저수지의 개들〉이라는 허구의 세계,

나아가 쿠엔틴 타란티노의 세계를 구축하는 방식을 지시하는 데 있다. 의미에 연연하지 말고 허구를 즐겨라, 대략 이런 표지를 가리킨다. 〈그래비티〉의 전반부에는 긴 수다가 등장하는데 언뜻 무의미해 보이는 이 수다는 영화의 플롯에 결정적인 기여를 하고 궁극적으로 영화의 주제를 담고 있다. 영화가 시작되자마자 마지막 우주 비행을 하는 베테랑 임무 지휘관 맷 코왈스키는 동료와 수다를 떤다. 소리를 전달하는 매개체도 산소도 없는 우주에서 그들이 나누는 이야기는 지구에서의 추억이다. 6주 동안의 임무를 마치고 돌아가니 아내가 변호사랑 바람이 났더라, 자신의 구형 폰티악이 매력적인 이유 등이 이들의 대화인데 척 보기에도 이미 서로 아는 이야기를 되풀이하고 있다. 아무 소리 없는 우주에서 몇 주씩 버티기 위해 가장 필요한 것은 수다일지도 모르겠다. 우주 비행 경력도 많고 쾌활한 맷에 비해 초보 임무 수행원 라이언 스톤 박사는 말이 없다.

과묵한 라이언과 유머러스한 맷이 나누는 그리 길지 않은 대화는 영화 후반에 막강한 위력을 발휘한다. 라이언은 맷의 부드럽고 집요한 질문에 마지못해 하나씩 답을 하고 관객은 그녀의 상처를 알게 된다. 라이언은 4살짜리 딸을 사고로 잃은 뒤 집과 병원만 오가며 살고 있다. 사랑하는 딸이 놀이터에서 미끄럼을 타다 죽었는데 누구의 죄도 아니다. 라이언은 이 사실을 받아들이는 일이 너무 고통스럽다. 그녀의 고뇌는 궁극적으로 인간은, 우주는 왜 이렇게 생겨난 것인지 이해할 수 없기 때문에 시작된다. 알 수 없는 삶을 치열하게 살 이유를 찾을 수가 없다. 단지 주어진 일을 하면서 기계처럼 움직이는 것만이 그녀가 할 수 있는 유일한 행동이다. 맷은 라이언의 기분을 풀어주기 위해 어린 시절 추억을 들려준다. 짝사랑했던 소녀를 만나러 유원지에 갔더니 그녀가 웬 다리 짧은 털북숭이와 같이 있었단다. 그런데 더 황당한 건 그 털북숭이가 남자가 아니었단다. 이런 시시껄렁한 이야기에 라이언은 거의 반응하지 않는다. 그런데 우주왕복선 익스플로러호의 전 대원이 사망하고 라이언 혼자 남아 의식을 잃어갈 때 그녀는 이 이야기를 떠올린다. 라이언은 교신이 끊어진 맷을 애타게 찾으며 그 다음을 이야기해달라고 울부짖는다.

▷ 궁극의 질문과 답변

맷과 나누었던 그다지 길지 않은 대화 혹은 수다는 라이언이 사경을 헤맬 때 생명의 동아줄로 작용한다. 딸을 잃고 삶의 의미도 잃어버렸던 라이언은 막상 죽을 지경이 되자 살고 싶어진다. 죽기 직전 그녀는 맷의 환영을 보고 그와 대화를 나눈다. 그리고 사소한 일상이 바로 삶의 의미라는 것을 깨닫고 지구로 귀환할 의지를 되찾는다. 사지에서 주인공이 불굴의 의지로 살아오는 것은 블록버스터의 흔한 공식이고 여기에 딴죽을 걸 필요는 없을 것 같다.

〈그래비티〉가 신선하고 놀라운 이유는 인간이 품고 있는 궁극적인 질문에 자신만의 답을 구했다는 점이다. 물리학이 우주를 설명할 궁극적인 답변(answer for everything)을 찾는 여정을 지속했다면, 궁극적인 질문을 던진 것은 인간이다. SF는 이 질문과 답변에 대한 나름의 견해를 밝히는 장르다. SF 내용이 현실 과학 원칙에 맞을 때도 있고, 터무니없는 상상에 불과한 경우도 있지만 SF가 품고 있는 문제의식만큼은 현실을 앞서간다.

라이언이 찾은, 사실은 〈그래비티〉가 찾은 궁극적인 답변은 의외로 간단하다. 라이언은 지구로 귀환하기 위한 마지막 시도를 하면서 자신에게 남은 길은 두 가지뿐임을 스스로 확인한다. 즉, 살아서 지구로 돌아가 모험담을 이야기하거나 여기서 10분 안에 불타 죽는 것, 이 두 가지가 전부다. 변한 것은 아무것도 없다. 라이언이 살아 돌아간다 해도 죽은 딸은 돌아오지 않는다. 그리고 인간은 왜 태어났고 무엇을 위해 사는지 여전히 알 수 없다. 그러나 죽음에 이르자, 산다는 것은 살기 때문에 의미 있는 것이라는 간단명료한 답이 떠오른 것이다. 죽은 자들(딸과 맷)을 떠나보내고 자신에게 부여된 생을 살아가는 것이 인간이 취할 수 있는 가장 단순하지만 충실한 길이라는 깨달음이다.

풍자와 해학으로 가득 찬 SF코미디 〈은하수를 여행하는 히치하이커를 위한 안내서〉(2005)도 같은 질문을 한다. 고도의 지능을 갖춘 태초의 인류가 슈퍼컴퓨터에게 인생과 우주에 대해 묻자 750만 년 뒤에 오라고 대답해준다. 슈퍼컴퓨터는 그 긴 시간을 보내고 다시 찾아온 인류에 '42'라는 엉뚱한 답을 해준다. 결국 아직까지 답이 없다는 뜻이다. 종교와 과학이 나름대로의 해결책을 이미 구했고 또 구하고 있으니 어쩌면 궁극적인 답변을 얻는 날이 올지도 모르겠다. 하지만 현재로선 〈솔라리스〉에 나오는 대사처럼 "답(answer)은 없고 오직 선택(choice)만이 있다."는 것이 정답 같다. 라이언은 죽음

대신 삶을 선택했고, 이러한 태도는 인간적이다. 설령 죽음을 선택했다 해도 비난할 수 없겠지만 라이언의 선택이 우리를 위로하는 것은 사실이다.

〈그래비티〉 - 우주 속으로 멀어지는 맷

우주 오페라이긴 하나 〈그래비티〉는 어떤 면에서 보면 우주 자체에 큰 관심이 없어 보인다. 무중력 상태에서 인간은 어떻게 존재하는지 탐구하는 것도 중력에 의해 지지되는 일상의 삶이 얼마나 소중한지 일깨워주는 역할을 할 뿐이다. 지구 상공 6천km 위에 떠 있지만 〈그래비티〉의 시선은 더 넓은 우주가 아니라 지구를 향하고 있다. 인류가 필사의 도전을 멈추지 않는 우주라는 미스터리보다 갠지스 강 위로 해가 뜨는 장관이 얼마나 아름다운지 역설한다. 물론이 역시 우주의 일부다.

▷ 우주를 실감나게 체험하기 위하여

알폰소 쿠아론 감독은 화려한 경력에 비해 이름이 생소한 편이다. 〈해리 포터와 아즈카반의 죄수〉(2004)가 감독보다 더 유명하다. 멕시코 태생의 쿠아론은 멕시코와 미국을 오가며 감독으로, 제작자로 꾸준한 경력을 쌓았다. 〈소공녀〉(1995), 〈위대한 유산〉(1998), 〈이투마마〉(2002), 〈칠드런 오브 맨〉(2006)에 이르는 필모그래피를 통해 그의 다양한 관심을 알 수 있다. 쿠아론은 〈판의 미로: 오필리아와 세개의 열쇠〉(기예르모 델 토로, 2006), 〈비우티풀〉(알레한드로 곤살레스 이냐리투, 2011) 등 여러 영화의 제작자이기도 하다.

이번 〈그래비티〉는 기존 SF의 한계를 뛰어넘는 기술적인 성취를 보여주었는데, 이를 위한 제작진의 노력은 상상을 초월한다. 촬영을 위해 여러 장비를 고안했는데, 예를 들어 우주라는 특수한 환경을 표현하기 위해 '라이트 박스'라는 조명장치를 만들었다. 수천 개의 작은 LED 조명이 설치된 이 정육면체 조명 장치 덕분에 관객은 우주를 더 가까이 체험할 수 있게 된다. 라이트 박스는 런던 셰퍼턴 스튜디오 플랫폼 위에 높이 6m, 가로 3m 규모로 설치했다.

<그래비티> – 허블 망원경을 수리하는 라이언과 맷

영화 속 유일한 의상이라 할 수 있는 우주복을 재현하는 일도 고심거리였다. 실제 우주인들이 입는 우주복은 너무 무겁고 흰색이라 조명을 맞추기 어려워서 포기할 수밖에 없었다. 특별 제작된 영화용 우주복은 흰색을 바탕으로 회색을 덧대어 색감을 표현했고 실제보다 가볍지만 볼륨감은 그대로 살렸다. 배우들이 쓰고 있는 헬멧은 CG 애니메이션으로 만들었다. 조지 클루니와 산드라 블록은 거의 같은 형태의 헬멧을 쓰지만 성별에 따라 실루엣에 미묘한 차이가 있다. CG와 애니메이션만이 아니라 와이어 12개도 사용했는데, 자연스러운 움직임을 위해 인형 조종사까지 초빙했다고 한다. 우주의 일부로서 지구, 또 그 안에 속한 인간. 이제 SF는 다시 그 문제로 돌아갔다. 그런데 이것이 진부한 원점 회귀가 아니라 초심을 회복하는 겸허한 자세로 보이는 것이 <그래비티>의 매력이다.

2
원초적 금기와 위반

- 〈투 마더스〉

〈투 마더스〉

멜로 · 로맨스, 드라마 | 2013년 |
프랑스 | 111분 | 청소년 관람불가

감독 : 안느 퐁텐

식탁에 놓인 나무 도마 위에 사과 네 쪽이 있다. 사등분된 사과 한 알이다. 여자 둘, 남자 둘이 각각 한 조각씩 집어 든다. 네 명의 관계는 이렇다. 여자 둘은 함께 자란 절친한 친구고, 남자 둘은 그들의 아들들이다. 또한 이들은 두 쌍의 연인이다. 극단적으로 말하면, 모자지간의 스와핑이다. 현실에서 용인될 수 없는 관계지만, 상황을 이렇게 가정해보자. 작은 도마 위에 놓인 사과 네 쪽처럼 고립된 곳에 단 네 명만이 존재한다면 금기는 깨질 수밖에 없지 않을까? 〈투 마더스〉(안느 퐁텐, 2013)의 시작과 끝에는 남녀를 보여주는 이미지가 등장한다. 이 장면은 영화에 잠깐 보이는 도마 위 사과 네 쪽의 이미지와 정확하게 일치한다.

두 엄마와 두 아들은 망망대해 무인도에 고립된 인물들이다. 영화에서는 호주 외딴 해안가에 이웃해 살면서 한 가족처럼 지내는 정도지만 상징적으로 풀이하면 그렇다는 말이다. 이들은 신화적 원리가 작동하는 공간에 살고 있다. 모성애, 오이디푸스 콤플렉스 등의 단어가 이 영화를 읽는 데 주로 사용되고 있다. 좀 다른 방식으로 읽기 위해 동성애, 사회문화적 성역할이란 코드를 선택해보자. 아마도 〈투 마더스〉는 남성 관객 대다수에게 불쾌감을 주는 영화일 것이다.

여성 판타지이자 소위 막장 드라마라고 말할 수 있기 때문이다. 현실적 개연성이 떨어지는 환상이요 백일몽임은 분명하다. 이토록 고혹적인 두 엄마와 그리스 조각상 같은 두 아들이 존재한다는 것 자체가 불가능하다. 그렇지만 이 환상 속에 지극히, 지독히 현실적인 질문이 들어 있다. "잘못됐다.", "제대로 행동한다."는 대사에 질문이 담겨 있다. 〈투 마더스〉에서 사용된 '잘못/제대로'라는 단어는 사회적 통념, 도덕적 잣대에 비추어 판단된 것들이다.

▷ 이성은 허약하고 감정은 견고하다

그럼 무엇이 잘못되었고, 어떤 것이 제대로인가? 친구의 아들과 성적 관계를 맺은 것은 드러난 잘못이고 동성애적 갈망은 감춰진 잘못이다. 제대로 행동한다는 것은 사회가 요구하는 여성의 성역할을 의미한다. 이성애자로서 아내, 엄마, 할머니 역할을 수행할 때 "모범적인 시민"이 될 수 있고 "평범한 생활"이 가능하다. 적어도 두 엄마 중 이성적인 태도를 견지하는 로즈의 신념은 그러하다. 다른 한 엄마 릴은 제대로 의사 표현을 하지는 않은 채 그 신념에 동조한다.

그러나 릴은 끊임없이 흔들리는 자신의 감정을 인정한다. 로즈와 릴 곁에는 아들이 아닌 두 명의 남자가 더 있다. 로즈의 남편 헤롤드와 릴을 사모하는 사울이 그들인데 둘은 같은 의심을 한다. 로즈와 릴의 관계에 대한 의심이다.

재미있는 사실은 헤롤드와 사울은 직접 레즈비언이라는 단어를 꺼내지는 않는다. 정작 그 단어는 로즈와 릴의 입에서 나온다. 시드니에 새로운 일자리를 얻은 헤롤드는 로즈가 이사하는 것을 주저하자 항상 제외된 것 같았던 기분을 토로하며 아내와 가정이 필요하다고 하소연한다. 그러자 로즈는 그럼 우리가 레즈비언이라는 말이냐며 화를 내고 아내 역할이라면 "20년째" 해주고 있다고 말한다. 심각한 대화는 아니었지만 부부 사이의 문제가 정확히 드러난다. 겉보기에 아무 문제없는 중산층 가정이지만 남편은 아내에게 무언가 허전함을 느끼고, 아내는 아내와 엄마의 역할을 해내왔던 것이다. 자연스레 하는 것과 해내는 것은 다르다.

어차피 두 가정에 아버지는 필요없다. 릴의 바람둥이 남편은 영화가 시작되자마자 교통사고로 사망하고, 이어 로즈의 남편도 시드

니로 새 직장을 찾아 떠난다. 로즈와 릴에게 필요했던 건 아들의 생물학적 아버지였다. 〈투 마더스〉는 서사가 진행되면서 주요 인물의 숫자가 바뀐다. 둘에서 넷, 여덟에서 다시 넷으로 숫자는 변한다. 첫 장면에는 소녀인 로즈와 릴 둘만이 존재한다. 잠시 로즈와 릴, 두 아들, 릴의 남편으로 구성된 가족 형태를 보이지만 헤롤드가 빠져나가자 다시 넷이 된다.

이 영화가 구축한 세계에서 넷은 가장 완벽한 숫자다. 넷의 완전한 결속은 릴의 아들 리안의 행동으로 촉발된다. 이안이 엄마 친구 로즈를 여자로 좋아했다는 것은 처음부터 표시되었다. 이안의 욕망은 매개체 없이 순수한 것이었지만 로즈의 아들 톰의 욕망은 모호하게 시작된다. 엄마와 친구의 성적 관계를 알게 되고 의도적으로 릴에게 찾아간다. 마치 실연당한 사람들처럼 보이는 톰과 릴의 서로를 향한 욕망이 수동적인 것인지 능동적인 것인지 판단하기는 어렵다. 모호하게 시작된 관계지만, 감정이 이끄는 대로 행동하는 톰과 릴은 이성의 장벽에 가로막히는 이안과 로즈보다 더 질기고 자연스럽게 관계를 이어간다. "선을 넘어버린(cross)" 네 사람은 의외의 평화를 유지한다. 이 평화의 중요한 열쇠는 두 엄마의 관계에 있다. 로

즈와 릴의 유대는 상식과 통념보다 깊은 뿌리를 갖는다. 둘은 죄책
감도 즐거움도 공유한다. 어떤 일이 발생하든 로즈와 릴은 터놓고
대화한다. 연인을 얻은 기쁨과 잃어버릴 두려움을 적극적으로 표현
하는 것은 릴이다. 행복해서 멈추고 싶지 않다는 릴의 솔직한 고백
에 로즈는 멈춰야 하고 멈추게 될 일이라고 설득한다. 톰에게 여자
가 생겼을 때 넷의 관계에 종지부를 찍는 것도 로즈였다. 그러나 종
국에 로즈는 자신의 잘못을 인정하게 된다. 그녀의 시인은 이성의
오만함에 대한 반성이자, 단단해 보이지만 사실은 타인의 시선에
갇힌 자의 고백이다.

▷ 누가 더 나쁜가?

감정적인 릴과 이성적인 로즈 중에 누가 더 나쁜가? 영화에서는
로즈가 더 나쁘다고 말한다. 더 나쁜 것의 기준은 무엇인가? 〈투 마
더스〉에서 그 기준은 누가 욕망을 덜 왜곡하였는가에 있다. 릴은 자
신의 감정을 표현하거나 결정을 잘 하지 못하지만 감정에 따라 행
동하는 인물이고, 로즈는 이성이 판단하는 대로 행동하려 부단히

애쓰지만 늘 욕망을 억압하고 왜곡한다. "우리가 레즈비언은 아니지?"라는 릴의 질문은 동성애적 감정에 대한 조심스러운 표출이다. 하지만 로즈는 그런 관계였던 적은 없다고 간단히 대답하고, 둘이 했던 키스도 "연습"에 불과한 거라고 잘라버린다.

연습이라니? 소녀에서 숙녀가 되는 시절 진짜 남자를 만나기 전에 키스하는 법을 연습한 거라는 말이다. 로즈는 아내가 되고 엄마가 되고 할머니가 되는 것이 여성의 역할이라 믿는 사람이다. 그렇기 때문에 릴과 로즈의 키스는 연습이어야 한다. 넷의 관계를 끝장내면서 로즈는 좋은 할머니가 되고 싶다는 소망을 피력한다. 단호한 로즈의 태도에 절망한 이안은 다른 여자를 만나고 예상치 못한 임신으로 결혼까지 하게 된다. 3년의 시간이 흐르자 로즈는 소원대로 할머니가 되었다. 모든 것은 제대로 된 듯 보인다. 두 할머니, 두 엄마, 두 딸로 구성된 삼대가 형성되었다. 그런데 아들이자 남편이자 아빠인 이안과 톰은 행복하지도 만족스럽지도 않아 보인다. 또다시 어느 날 밤, 이번에는 반대로 이안이 자신의 엄마와 톰의 정사를 목격한다. 격분한 이안은 로즈를 원망하고 여덟의 관계도 끝난다. 두 며느리는 두 손녀를 데리고 떠나고 신화적 공간에는 처음처럼 두 엄마와 아들이 남는다.

　도리스 레싱의 원작 제목은 『그랜드마더스 The Grandmothers』다. 로즈가 그토록 원했던 할머니 되기는 반만 성공했다. 손녀를 얻었으니 소원을 이룬 셈인데 며느리가 아이를 데리고 떠나버렸기에 할머니 역할은 불과 몇 년으로 끝이 났다. 표면적으로 로즈와 릴은 동성애를 인정한 바 없고 구체적인 성적 행위도 없었지만 둘의 동성애적 관계는 명백하다. 로즈가 그토록 할머니가 되고 싶어 했던 것은 자신의 동성애적인 성향을 억압하기 위해서일 수도 있다. (생물학적)할머니가 된다는 것은 이성애자로서 한평생을 살아왔다는 증거다. 사회적으로 용인된 성역할을 하기 위해 욕망을 억압했던 로즈는 마지막에 자신을 인정한다. 타인의 시선에 짓눌려 내면의 욕망을 억압했던 로즈는 마지막에 자신을 인정한다. 아내, 엄마, 할머니라는 기표를 부유했던 나약함과 오만함이 잘못되었다는 것을 시인하는 것이다. "제대로 행동한 건 너밖에 없어."라는 릴의 위로에 로즈는 그게 잘못이라 말한다. 둘에서 넷으로 거기서 여덟으로 그리고 다시 넷으로 변하는 숫자의 조합 속에 원형적 욕망과 기입된 욕망이 자리를 바꾸는 비밀이 숨어 있다.

3
점점 나쁜 선택을 하는 이유

- 〈보이후드〉

〈보이후드〉

성장 드라마 | 2014년 |
미국 | 165분 | 15세 관람가

감독 : 리처드 링클레이터

"이 여자는 왜 매번 이런 남자만 만나는 거야?"

"성실하고 똑똑하고 예쁜데, 이 여자는 왜 점점 더 가난해지는 거야?"

23살에 아이 엄마가 되어 철없는 남편 대신 부모 노릇하느라 20년을 고생하고, 스스로 쉴 틈 없이 자신을 몰아쳐서 학위를 받고 교수가 된 현명하고 지혜롭고 매력적인 올리비아는 번번이 이상한 남자를 만나 파경에 이른다. 러닝타임이 장장 165분에 이르고 12년을 촬영한 영화이니 이야깃거리는 무궁무진하다. 커트 보네거트의 소설을 읽고, 비틀스의 음악을 듣는 남다른 아이 메이슨의 성장영화라고 간단히 정리할 수 있는 〈보이후드〉(리차드 링클레이터, 2014)는 생각할 지점이 많은 영화다. 그럼에도 불구하고, 메이슨의 엄마 올리비아에 대해서만 생각해 보기로 하자. 올리비아에 대해서만 이야기한다고 해도 결국 〈보이후드〉 전체에 대한 이야기가 된다. 이는 리처드 링클레이터 감독이 〈보이후드〉를 구성한 방식이 그렇기 때문이다. 분절된 것 같으면서 모든 것이 하나로 통하는 세상을 보여주는 영화다.

▷ 결핍이 왜곡한 본질

올리비아는 세 남자를 만난다. 그 남자들을 도식화하기 위해 기본 정보부터 정리하면 다음과 같다. 첫째, 철은 없지만 예술적이며 좌파 성향의 대학생. 둘째, 사회적 지위와 경제력을 갖춘 심리학 교수. 셋째, 이라크전에 참전했던 퇴역군인이자 올리비아의 수강생. 이렇게 매우 다른 세 남자와 올리비아는 애를 낳고, 재혼을 하고, 동거를 한다. 도식화가 쓸데없어 보이지만, 세상은 아이러니하게도 도식화할 때 잘 보이고, 때론 도식화해야만 잘 보이기도 한다. 〈보이후드〉는 중요한 순간을 건너뛰고 안 보여준다. 왜 그럴까? 단순한 도식은 표식으로 표현되나 진짜 공식은 내재되어 있기 마련이라서 그럴 것이다. 올리비아의 좋지 않은 세 번의 선택을 도식화하자면, 첫 번째의 실패를 보완하기 위해 정반대로 보이는 두 번째 선택을 했으나 결론은 더 나쁜 선택이었고, 두 번째 실패를 보상하기 위해 세 번째 선택을 했으나 최악의 선택이 된 것이다.

구형 페라리 GTO를 몰고 다니면서 아마추어 밴드 생활을 하고 자기 앞가림도 제대로 못하는 주제에 진보 진영의 선거 활동을 하는 남자가 올리비아의 첫 번째 남편이자 메이슨의 생부인 메이슨 시니어다. 20대 초반의 메이슨 시니어는 정말 매력적이었을 것이다. 아니, 영화가 진행되면서 나이가 들어가도 메이슨 시니어는 매력 있다. 경제적 도움을 주지는 못했지만 아이들에게도 꽤 괜찮은 아빠다. 주말이면 아이들을 데리고 야구장에 가고, 여름이면 캠핑을 떠나며, 직접 편집한 음악 CD를 선물하는 멋진 아빠다.

〈보이후드〉 - 철은 없지만 순수했던 첫번째 남편 메이슨 시니어

아들에게는 "여자아이들에게 질문을 많이 던져. 그리고 걔들의 대답을 잘 들어줘. 그것만 하면 너는 다른 남자아이들을 다 제칠 수 있어."라는 금과옥조 같은 조언을 해준다. 딸에게는 "네 남자친구는

콘돔은 가지고 다니는 거냐?"라는 구체적이고 현실적인 질문을 던진다.

문제는 메이슨 시니어가 나쁜 놈이라서가 아니라 그가 올리비아에게 좋은 남편이 아니라는 데 있다. 책임감 강하고 자존심 센 올리비아는 남편 역할을 제대로 못하는 메이슨 시니어를 책망하는 데 시간을 쓰지 않고 스스로 해결하기 위해 발버둥 친다. 정확히 말하자면 영화는 올리비아가 메이슨 시니어를 질책하고 설득했는지 그렇게 하지 않았는지를 보여주지 않는다. 그저 아이들의 시선으로 엄마, 아빠가 잠시 말다툼을 하는 모습을 비출 뿐이다. 두 아이를 키우기 위해서는 학위가 필요하다고 판단한 올리비아는 포기했던 학업을 다시 시작하고 석사 학위를 받는다. 영화는 그녀의 고단하고 치열한 삶도 별로 보여주지 않는다. 대신 올리비아에게 접근하는 두 명의 남자를 메이슨이 바라보는 장면을 넣는다.

메이슨은 심리학 교수가 엄마에게 은밀히 데이트를 제안하는 모습을 목격한다. 그리고 올리비아와 교수의 결혼식은 생략한 채 새로운 가족의 탄생을 포착한다.

"엄마, 아빠 왔다."

이 대사가 유일한 설명이다. 올리비아의 두 아이와 교수의 두 아이들이 한 집에서 자라게 된 것이다. 아이들은 아무 문제없이 한 가족이 된다. 문제는 지적이고 유머러스해 보이던 교수가 알코올중독에 폭력성까지 있다는 점이다. 메이슨은 엄마에게 "왜 저런 인간하고 결혼한 거야?"라고 따진다. 그러자 올리비아는 말한다. "우리는 가족이야. 나도 최선을 다하고 있어." 올리비아는 재혼을 통해 아빠가 있는 완전한 가정, 넓은 정원이 딸린 윤택한 환경을 아이들에게 주고 싶었을 것이다. 그러나 남자의 폭력성이 아이들에게까지 표출되자 스스로 가정을 깨버린다.

올리비아는 아빠가 있고 경제적으로 안정된 가정을 만들고 싶었다. 그래서 첫 번째 남편에게 부족했던 경제력과 사회적 지위가 있는 남자에게 끌렸으나 그것이 허상으로 판명된 것이다. 두 번째 실패 이후 세 번째로 찾은 남자는 매우 듬직해 보인다. 남성성을 충분히 갖고 있는 것 같다. 아마도 올리비아는 두 번째 남편의 지질하고 권위적인 성격에 넌더리가 났을 테고 그래서 학생에게 마음이 갔을 것이다. 아이들에게는 아빠를 다시 만들어주고, 올리비아 자신은 존중받는 새로운 삶을 꿈꾸었을 것이다. 그러나 이 남자 역시 알코올중독에 자격지심으로 점점 삐뚤어져간다. 올리비아는 경제적 도움이 되지도 않고 아이들을 통제하려 들기만 하는 세 번째 남자도 버린다. 결국, 도식은 이거다. 올리비아는 매번 앞선 실패를 보상받기 위해 다음 선택을 하는데 예상은 번번이 빗나간다. 어째서 그녀가 선택한 남자는 늘 변질될까? 실제는 변질된 것이 아니라 그녀가 사람을 잘못 본 것이다. 그렇다면 그녀는 왜 사람을 제대로 보지 못했을까? 왜냐하면 그녀가 바라본 것이 '결핍'이기 때문이다. 사람이 무언가에 꽂히면 전체를 제대로 볼 수 없다. 그녀는 늘 전 남자에게 부족했던 것을 보완해줄 남자를 선택했을 뿐 그 남자들의 본질을 보지 못했다.

▷ 홀로 남는 인생

메이슨이 대학 기숙사에 들어가는 날 올리비아는 울음을 터뜨린다. 20년을 참고 참았던 울음이다. "네가 떠날 줄을 알았지만 이렇게 즐거워할 줄을 몰랐어.", "난 무언가가 더 있을 줄 알았어.", "이제 남은 건 내 장례식뿐이야?" 〈보이후드〉에서 가장 슬픈 장면이다. 메이슨 시니어는 메이슨의 고등학교 졸업파티에 재혼한 아내를 데리고 참석한다. 그리고 올리비아에게 "당신 전 남편들 중 오늘 온 사람은 나뿐이네."라는 농담을 던진다. 올리비아는 가볍게 "당신 와이프는 둘 있네."라고 농담을 받아준다.

결론적으로 올리비아의 전 남편들 중 메이슨 시니어가 가장 괜찮은 남자다. 메이슨 시니어 말처럼 "남녀 관계는 타이밍"인데 둘은 그게 맞지 않았던 것이다. 그토록 자유분방한 메이슨 시니어도 마흔 즈음이 되자 월급쟁이 생활을 하며 주일에는 교회에 간다. 〈보이후드〉는 여러 명의 인생을 따라가고 보여주지만 의미를 추구하지 않는다. 올리비아가 비록 세 번이나 잘못된 선택을 했지만 그게 그녀의 인생이다. 어쩌면 그녀는 자식들을 '자신의 둥지'에서 떠나보내고 나서야 진정한 관계를 맺을 남자를 만날지도 모른다. 혹은 전철을 밟아 또 한 번의 잘못된 선택을 할 수도 있다. 그것이 무엇인지 우리는 장담할 수 없고, 〈보이후드〉도 알려주지 않는다. 〈보이후드〉는 영화에서 흔히 알려주는 것들을 알려주지 않아서 좋은 영화다.

4
의심과 확신을 오가는 진자 운동

- 〈다우트〉

〈다우트〉

미스터리, 드라마 | 2009년 |
미국 | 104분 | 15세 관람가

감독 : 존 패트릭 샌리

〈다우트〉(2008)는 퓰리처에 토니상까지 수상한 자신의 동명 희곡을 존 패트릭 섄리 감독이 직접 각색하고 연출했다. 〈다우트〉는 연극적인 특징은 유지하면서도, 사려 깊은 카메라 앵글로 구성된 프레임과 배우들의 미세한 근육 움직임까지 포착한 클로즈업 숏으로 영화만이 줄 수 있는 기쁨을 준다. 주요 등장인물로 출연한 배우 네 명이 모두 아카데미 연기상 후보에 올랐다는 사실만 봐도 이 영화에서 배우들의 연기가 차지하는 비중이 어느 정도인지 증명된다. 여기에 더해 이 영화를 감상하는 진정한 즐거움은 로저 에버트가 지적한 대로 "처음부터 끝까지 사고하게 만드는" 플롯의 긴장감에서 온다. 확신과 불신 사이를 오가는 끝없는 진자 운동, '의심'은 양가적이다. 의심은 우리를 황폐한 고통 속에 몰아넣기도 하지만 살아있는 한 결코 포기할 수 없는 의미 있는 감정이자 행위이다.

〈다우트〉의 주제는 의심의 폐단이나 확신의 위험성 등과 같이 명료한 명제에 있다기보다 의심과 확신을 오가는 답답하고 힘든 여정의 묘사와 의심과 확신이 불러오는 구체적인 결과의 탐사에 있다. 이 영화의 제목 '의심(doubt)'은 부정이나 긍정이라는 단일한 의미를 갖는 게 아니라 미결정의 상태를 지칭한다. 이 상태는 때론 부정적으로 때론 긍정적으로 우리 삶에 영향을 미치게 되는데, 이 영화는 이에 대한 한 편의 보고서이자 우화다.

〈다우트〉 – 플린 신부와 제임스 수녀

영화의 서사를 이끄는 의심의 핵심은 성 니콜라스 교구 사립학교의 플린 신부가 복사를 맡아보던 흑인 소년 도널드 밀러를 성적으로 유혹하고 부적절한 관계를 가졌나이다. 여기서 의심하는 주체는 누구인가? 언뜻 보면, 자유롭고 진보적인 플린 신부와 대립각을 세우는 완고한 원칙주의자 알로이시스 교장 수녀가 의심하는 주체 같아 보일 수 있다. 그러나 그녀는 처음부터 확신을 갖고 있는 인물이다. 의심하는 진짜 주체는 플린과 알로이시스 사이에 끼어 삼각구도를 완성시키는 여린 감성의 소유자 제임스 수녀다. 즉, 〈다우트〉는 확신을 갖고 확신을 실천하려는 인물(알로이시스)과 의심과 확신 사이를 오가며 망설이는 인물(제임스) 그리고 확신을 의심하고 유보하는 인물(플린)이 펼치는 의심과 확신의 파노라마다. 영화의 배경이 되는, 케네디가 암살된 이듬해인 1964년은 믿음이 사라지고 의심이 싹트는 시간을 상징한다. 플린 신부의 첫 번째 강론은 케네디 암살에 대한 이야기로 시작되는데, 그는 확신이 없는 사람들에게 의심은 연대감을 주고 고통을 이겨낼 힘을 줄 수 있다고 설교한다. 여기서 우리는 이 영화가 말하는 '의심'이 한 가지 색깔이 아님을 알 수 있다. 제임스 수녀의 의심은 사실(fact)이 아니라 자신이 본 것에 근거한 불확실한 추정이고, 플린 신부가 말하고자 하는 의심은 확신에 대한 보류이자 자기반성적 회의다.

플린과 달리 알로이시스는 모든 의심을 확신으로 결론지어야 한다는 신념을 고수하는 인물이다. 이런 두 사람은 여러 가지 면에서 대립적인 존재로 설정된다. 남과 여, 진보와 보수, 감성과 이성, 자율과 규율 이런 대립항은 이 두 사람을 함께 설명할 때 동원되는 단어들이다. 플린과 알로이시스의 모습을 이어 붙인 몇 개의 신(scene)

은 이런 대립을 잘 보여준다. 영화 초반 테이블을 내려다보는 알로이시스를 로우 앵글로 잡은 클로즈업 숏은 성당의 스테인드글라스를 올려다보는 플린의 미디엄 숏으로 연결된다. 명백히 대조되는 앵글 속에서 알로이시스의 독선과 플린의 고뇌가 대비된다. 알로이시스는 누구보다 확실한 종교적 신념이 있지만 이는 주관적인 아집과 통하고 플린은 인간적인 회의를 떨치지 못했지만 이는 신의 관점에서 겸손일 수 있다. 영화는 알로이시스와 플린을 단순하게 평가하지는 않는다. 신부와 수녀의 식탁을 연결한 신은 관객이 쉽게 이분법적 사고에 빠지는 것을 경계한다. 붉은 육즙이 흐르는 고기와 술과 담배, 음악, 저속한 농담이 어우러진 세속적이며 탐욕스럽기까지 한 신부들의 식탁 신에 이어 보이는 지극히 단출하며 정갈한 수녀들의 식탁은 극단적인 대비 효과를 낳는다.

흰 테이블보와 흰 우유가 환기하는 금욕적이고 강압적인 분위기는 관객으로 하여금 플린 신부와 알로이시스 수녀에 대한 지금까지의 인상을 재고하라고 지시하는 것만 같다. 또한 알로이시스의 판단이 옳고 그녀의 방식이 유용할 때도 있다는 것을 보여주는 장면들이 덧붙여져 있어 이 두 사람의 가치관과 태도에 대해 섣불리 판단할 문제가 아니라는 생각을 갖게 한다. 문제아 윌리엄 런던에 대한 알로이시스의 판단은 옳았고 그녀의 주장대로 칠판에 걸어놓은 액자는 학생들 지도에 유용했기 때문이다.

〈다우트〉 – 확신을 갖고 있는 인물 알로이시스 수녀

표면적으로는 플린과 알로이시스가 대립하고 있지만 실제 갈등을 만들어 내는 인물은 제임스 수녀다. 제임스 수녀는 알로이시스에게 플린과 밀러의 관계에 대해 우려하는 말을 한다. 이 말을 듣자마자 알로이시스는 "일이 벌어졌군요."라고 말한다. 제임스 수녀의 막연한 의심이 알로이시스에게 넘어가자 확신으로 변한 것이다. 확신은 다시 실천으로 넘어가서 알로이시스는 "우리가 그를 멈추게 해야

합니다."라고 덧붙인다. 알로이시스에게 의심은 이미 잠재된 것으로 제임스 수녀의 의심을 매개로 확신이라는 현실태로 탈바꿈한 것이다. 도대체 알로이시스의 굳건한 확신의 출처는 어디일까? 알로이시는 자신의 경험을 신봉하고, 그것을 근거로 자신은 사람 볼 줄 안다고 말한다. 너무나 견고한 확신에 비해 그녀의 근거는 주관적이며 빈약하다. 사실 알로이시스는 자신과 너무 다른 플린이 싫을 뿐이다. 플린은 손톱이 길어도 깨끗하면 된다고 생각하며, 미각의 즐거움을 위해 홍차에 설탕을 듬뿍 넣고, 휴대하기 편리한 볼펜을 애용한다. 이와 정확히 반대의 태도를 지닌 알로이시스의 눈에 이미 플린은 행위와 무관하게 교활하며 반성을 모르는 인간으로 낙인찍혀 있다. 그녀는 자신의 주관에 의거해 플린을 판단하고 자신의 판단을 공고히 하기 위해 거짓말까지 동원하게 된다. '의심'이라는 주제에 대해 천착했던 감독 알프레드 히치콕은 의심이라는 뜻을 제목에 넣은 영화 〈서스피션(Suspicion)〉(1941)에서 의심이 어떻게 구체적인 증거를 수집하고 사람을 망가뜨리는지 보여주었다. 이 영화의 주인공은 남편이 친구도 죽이고 자신도 죽이려 한다는 의심에 빠지자 걷잡을 수 없는 공포와 히스테리에 빠지게 된다. 히치콕은 여자의 히스테리가 절정에 이르렀을 때 그 모든 일은 여자의 상상 속에

서 빚어진 것이라는 결론을 내려 관객을 안도하게 하지만, 〈다우트〉
는 마지막 크레딧이 올라갈 때까지 어떤 결론에 도달하지 않은 채
끊임없이 관객을 의심 속에 밀어 넣는다.

이 영화에서 가장 예민하고 긴 신(scene)은 알로이시스, 플린, 제
임스가 교장실에 모여 대화를 나누는 장면이다. 〈다우트〉에는 유난
히 사각(oblique) 앵글이 많이 사용되는데, 이 신에서 처음으로 세 사
람이 함께 잡힌 기울어진 화면이 등장한다. 의심이라는 화두에 휩
쓸린 세 사람의 내면을 가시화한 숏이라 할 수 있다. 알로이시스는
플린에게 사제실에서 무슨 일이 있었는지 묻지만 플린은 대답하지
않는다. 이 부분에서 플린이 결백하다면 왜 명확한 답을 하지 않을
까 라고 의심할 수 있다. 이는 일차적으로 플린이 밀러를 보호하기
위한 것이지만, 그 이면에는 맥락을 제거한 채 행위만을 집요하게
질문하는 알로이시스의 태도에 대한 반발과 거부가 자리잡고 있다.
확신은 세속적 힘이 세다. 플린의 부정을 확신하는 알로이시스는
플린과의 일차 전에서 승리한다. 사건이 종결되면서 영화 초반부터
계속되던 비바람과 천둥은 사라지고 화면은 흰 눈에 쌓인 마을과 학
교를 보여준다.

그런데 모든 것이 조용해진 것만 같은 이 풍경 속에서 알로이시스는 '의심'에 빠지게 된다. 알로이시스는 제임스 수녀 앞에서 눈물을 지으며 "의심이 생긴다. (I have such a doubt.)"라는 말을 한다. 알로이시스는 무엇을 의심하는 것일까? 오히려 승급되어 자리를 옮긴 플린 신부를 보며 신의 섭리를 의심하는 것인가? 자신의 경험에서 우러나온 판단에 대한 회의인가? 알로이시스의 의심으로 막을 내리는 이 영화는 플린에 대한 의심을 완전히 풀어주지 않는다. 플린의 선의에는 확실한 믿음이 가지만 그의 '성향'에 대해서는 미량이나마 의심의 찌꺼기가 남는다. 알로이시스 말대로 5년 동안 세 번이나 교구를 옮긴 까닭에는 뭔가 의심스러운 구석이 있는 건 아닐까? 잠시 의심에 빠지지만 곧 이런 의심은 부질없는 일이라는 생각이 든다. 플린의 말처럼 모든 것을 다 밝힐 수는 없는 법이다. 의심이라는 단어가 들어간 히치콕의 또 다른 영화 〈의혹의 그림자(Shadow of a doubt)〉(1943)는 진실이 미궁 속으로 사라지는 결말을 보여준다. 결국 세상에 존재하는 진실은 '의심doubt'이라는 그림자를 등에 지고 있을 수밖에 없는 게 아닐까. 그런 의미에서 〈다우트〉는 성급하고 독단적인 확신을 유보하며 확신에 대해 의심할 것을 제안하는 영화로 읽을 수 있다.

5
인생 최고의 아이러니

- 〈테이킹 우드스탁〉

〈테이킹 우드스탁〉

코미디, 가족 드라마 | 2010년 |
미국 | 120분 | 청소년 관람불가

감독 : 이안

리안이 재현한 〈테이킹 우드스탁〉(2009)의 미덕은 전설을 신화화하지 않고 혼돈과 무질서 그 자체로 보여준다는 점이다. 우드스탁에 참여한 뮤지션들과 그들의 음악보다는 우드스탁 탄생에 결정적역할을 하는 엘리엇이란 인물과 그의 가족사를 중심에 놓고 그 주위로 페스티벌 풍경을 폭넓게 배치한 구도로 영화가 완성되었다. 가족 드라마는 리안 영화를 관통하는 중요한 제재이다. 록 페스티벌과 가족 드라마, 어울릴 것 같지 않은 이 두 가지를 조합시킨 영화가〈테이킹 우드스탁〉이다. 남북전쟁, 헐크, 카우보이 등 미국의 역사와 대중문화를 자신의 영화 속에 담아온 감독이기에 우드스탁을 재현하는 일이 이상할 건 없다. 하지만 가족과 히피즘이 어떤 조화를이룰지 짐작하기 어려웠다. 양립할 수 없는 두 세계의 팽팽한 긴장과 그 틈새에서 윤리적인 태도를 잃지 않으려 애쓰는 인물들은 리안영화의 매력이다. 〈브로크백 마운틴〉(2005)의 가장은 가족과 연인을지키고자 비밀을 만들고 거짓말을 하며, 〈색, 계〉(2007)의 여성 스파이는 상대를 배신해야 하는 자신의 임무에 가장 충실할 때 사랑의절정을 맞이한다. 근원적 부조리함을 견디며 어느 한쪽으로도 기울지 않는 긴장 속에 리안 식의 윤리가 존재한다. 그의 윤리가 때론 법과 규범에 배치되지만 아이러니하게도 그것은 개인의 정체성이나 가족의 질서를 지키는 선택이다.

▷ 가족 드라마의 리안 식 갈등 해결법

리안의 전작들과 연결시켜 보자면 〈테이킹 우드스탁〉은 〈쿵후 선생〉(1991), 〈아이스 스톰〉(1997)이 보여준 시니컬한 가족 드라마를 한결 부드러워진 방식으로 이어받으면서, 〈결혼 피로연〉(1993), 〈브로크백 마운틴〉이 제공한 성 정체성과 가족 제도의 혼전을 보다 단단한 태도로 해결하고 있다. 가족을 바라보는 시니컬한 시선 자체가 사라진 건 아니지만 가정이라는 상상의 공동체에 내재된 구멍을 인정하는 리안의 자세는 훨씬 너그러워진 느낌이다.

1970년대 초반 미국 중산층 가정을 파고든 어두운 심연을 정말 음울하게 묘사했던 〈아이스 스톰〉을 떠올리면 차이를 실감할 수 있다. 결혼이란 제도는 노예를 만드는 것이라 생각한 자유로운 청년이 책임감 때문에 결혼을 하고(〈라이드 위드 데블〉(1999)), 낭만적 사랑을 꿈꾸던 아름다운 처녀는 실연의 처절한 상처를 겪고서야 안정된 가정을 이뤘던(〈센스 앤 센서빌리티〉(1995)) 리안의 전작에서 자유는 삶의 책임과 안녕을 위해 양보해야 할 가치였다. 부모에게 상처주고 싶지 않은 게이 아들이 등장하는 초기작 〈결혼 피로연〉에서는 모두가 덜 상처받는 타협안으로 영화를 봉합했지만, 이번에는 어떤 우회로도 거치지 않고 현실적 해결책을 찾는다. 〈테이킹 우드스탁〉은 가족 관계 속에서 갈등을 해소하지 않는다. 가족 구성원이 각자 자신의 정체성을 찾아갈 때 갈등은 해결된다.

〈테이킹 우드스탁〉 엘리엇과 히피 커플

엘리엇과 그의 부모는 3일간 열린 우드스탁 록 페스티벌을 통해 자유를 체험한다. 자신의 꿈을 뒤로한 채 부모의 일을 돕는 착한 청년 엘리엇이 페스티벌에 참가한 히피 커플과 어울려 대마초를 나눠

피우는 장면은 이 영화에서 가장 아름다운 영상을 제공한다. 애니
메이션 처리된 영롱하고 찬란한 배경 화면은 엘리엇이 느끼는 자유
롭고 몽환적인 감각의 경험을 생생하게 전달한다. 돈만 아는 고집
스러운 엄마와 무기력한 아버지는 우연히 약물이 섞인 케이크를 먹
고 마치 생애 처음으로 자유를 맛보는 사람들처럼 빗속에서 미친 듯
이 춤을 춘다. 이런 에피소드에 법적, 도덕적 잣대를 대는 건 잠시
미루자.

우드스탁이 열린 1969년은 바야흐로, 베트남전 반전시위가 격렬
하게 벌어지고 자연 회귀를 주장하는 히피즘이 만발한 때임을 기억
하자. 약물에 취해 기분 좋게 잠든 부모에게 담요를 덮어주며 엘리
엇은 흐뭇함을 느끼지만 다음날 아침 이들 가족은 적나라한 서로의
실체를 보게 된다. 20년 동안 가족 몰래 모아둔 돈다발을 껴안고 자
고 있는 엄마의 모습을 발견한 아버지와 아들은 말을 잃는다. 자식
은 꿈을 포기하고, 삶의 유일한 터전인 모텔이 차압당할 위기에서
도 자신이 모은 돈다발을 꺼내지 않았던 엄마를 보며 아들은 진짜
자유를 찾을 용기를 얻는다. 가족이라는 가치에 스스로 속박당했던
자신을 추슬러 꿈을 찾아 떠날 수 있게 된 것이다. 돈다발에 의지하

지 않고는 견딜 수 없던 엄마의 두려움을 이해한다는 아버지는 사랑을 말한다. 어떻게 저런 엄마와 40년을 살아왔는지 아들은 아버지를 이해할 수 없지만, 자신의 자유로운 감정에 따라 아버지는 엄마를 사랑한다.

▷ 〈결혼 피로연〉에서 〈브로크백 마운틴〉까지

리안이 손쉬운 가족 휴머니즘에 빠지지 않을 수 있던 힘은 불편한 것을 직시하고 견디는 자세에서 나온다. 〈쿵후 선생〉의 주 사부는 미국인 며느리와 평화롭게 살 수 있는 길을 고민하다 차이나타운에 집을 얻는다. 거리를 두어야 좋은 감정을 유지할 수 있다는 삶의 지혜를 행동으로 옮기는 주 사부에게 다소 쓸쓸한 그림자가 드리운다 해도 그의 선택은 옳다. 가족 화합에 관한 〈결혼 피로연〉의 장르적 봉합에서 〈아이스 스톰〉의 어두운 전망을 거쳐 〈브로크백 마운틴〉에 도달했을 때 리안은 유보하는 태도를 보인다. 〈브로크백 마운틴〉의 주인공 에니스는 "나는 맹세할게.(I swear.)"라는 말을 남겼다. 목적어가 상실된 이 문장의 답이 어쩌면 〈테이킹 우드스탁〉에 있는지 모른다. 엘리엇에게 친구가 말한다. "가족 문제야말로 전 우주에서 가장 중요한 게 아닐까?" 문제를 인정하는 건 해결의 첫걸음이다. 〈브로크백 마운틴〉에서 의무와 자유의 딜레마에서 괴로워하던 에니스는 아내가 지키는 지상의 가정과 동성 연인이 기다리는 산 위 쉼터 사이를 시시포스처럼 힘겹게 오갔다. 〈테이킹 우드스탁〉의 엘리엇 역시 영화 초반에 에니스처럼 짐을 지고 있는 모습이다. 그러다 우드스탁이라는 터닝 포인트를 맞이해 짐을 벗어놓게 된다. 리안은 이번 영화를 통해 의무와 자유의 힘겨운 싸움터이던 가정에 자유의 자장을 좀 더 넓게 부여하는 것 같다. 의무와 자유의 대결 구도가 흐려지고 대신 자유라는 커다란 원리 속에 의무가 들어앉는 형국으로 전환된 것이다.

▷ 그 아름다운 혼돈의 역사여

데뷔작부터 아이러니라는 주제를 추구한 리안은 이번 영화에서 인생 최고의 아이러니가 무엇인지 보여준다. 자전소설을 바탕으로 만들어진 이 영화를 보면 알 수 있듯 우드스탁 페스티벌이 엘리엇의 고향 화이트레이크에서 열리게 된 건 연속된 우연과 우발의 결과다. 우연이 운명이 되는 조화야말로 인생 최고 아이러니다. 페스티벌 개최 전까지의 일들도 그렇지만, 비가 오지 않을 거란 예상과 달리 페스티벌 기간 중 폭우가 쏟아져 음향기기가 고장나고 온 마을이 진창으로 바뀐 것 모두 계획과는 무관하다. 페스티벌이 끝나고 쓰레기로 뒤덮인 언덕을 바라보며 엘리엇은 "아름다워.(Beautiful.)"를 연발한다. 그리고 또다시 엘리엇의 시선을 통한 몽환적 화면을 제시한다. 구체적인 생산과는 거리가 멀어 보이는 뮤지션들, 그들에 열광하는 히피들로 인산인해를 이루었던 록 페스티벌의 끝에는 쓰레기만 남았다고 볼 수도 있지만 엘리엇은 아름다움을 본다. 엘리엇의 자유로운 정신은 쓰레기가 아름다움이 되는 마술을 부렸다. 자유로운 정신은 쉽게 규정하고 재단하지 않으며 권위를 부여하는 것을 꺼려한다. 대마초에 취한 히피족, 나체족, 물 한 통까지 비싼 값을 받으며 이윤을 챙기는 마을 주민들, 폭우로 인한 감전 사고, 진흙탕으로 변한 언덕, 50만의 인파가 뒤섞인 풍경은 혼돈이다. 20세기에 이런 혼돈의 역사가 있었다는 것이 다행스럽다. 리안은, 태초의 어둠 안에서 세상이 창조되었듯 문화의 새로운 장을 여는 우드스탁이라는 거대한 혼돈을 자유로운 정신으로 기록했다.

제3부

원초적 공포와 일상의 불협화음

1
정말 해피엔딩일까?

- 〈윈터스 본〉

〈윈터스 본〉

미스터리, 드라마 | 2011년 |
미국 | 100분 | 청소년 관람불가

감독 : 데브라 그래닉

〈윈터스 본〉(데브라 그래닉, 2010)은 자식이 실종된 아버지를 찾아 나선다. 엄마가 아들을 찾고(〈체인질링〉(2008)), 아버지가 딸을 찾는 (〈테이큰〉(2008)) 경우가 일반적이므로 딸이 그것도 소녀가 아버지를 찾는 건 이례적이다. 다소 이례적인 이런 설정보다 정작 놀라운 이 영화의 독특함은 장르적 구조에 있다. 병든 엄마와 두 동생을 돌보는 17살 소녀 리 돌리가 실종된 아버지의 행방을 찾아 마을을 돌아다니는 영화 초반, 관객은 데이비드 린치의 〈블루 벨벳〉(1986)과 〈트윈 픽스〉(1992) 같은 '마을 미스터리'를 떠올리게 된다. 하지만 〈윈터스 본〉은 평범해 보이는 마을에 도사리고 있는 추악한 음모가 점차 드러나는 마을 미스터리 공식에 어긋날 뿐 아니라 정반대의 결말에 도달하게 된다.

스릴러로서 이 영화의 플롯은 익숙한 마을 미스터리 관습을 활용하지만 스토리는 낯선 목적지를 향해 전진한다. 아버지를 찾으려는 리와 그녀의 행동을 막으려는 마을 사람들 사이의 팽팽한 긴장 속에 서스펜스가 구축되는 영화의 분위기와 예상을 뒤엎는 일종의 해피엔딩은 서로 이질적이다. 결과적으로 보면 이질적이지만 영화 전체는 통일성을 잃지 않으며 자기 길을 가고 있다. 장르영화의 효과를 십분 활용하면서 자신만의 주제 의식을 건져내는 데브라 그래닉 감독의 연출력이 빛나는 부분이다. 과정이야 어찌됐든 리는 마을 사람들의 도움으로 문제를 해결하고 가족을 지킨다. 〈윈터스 본〉의 진짜 미스터리는 이 따뜻함이다. 정녕 이 소녀 가장은 마을의 호의 속에 가족을 지키며 살 수 있을 것인가? 장르든 주제든 이 영화가 갖고 있는 양면성에 주목해 읽어보려 한다. '세상과 맞선 소녀의 사투를 다룬 미스터리'라는 말로 요약되지 않거나 반대로 읽을 수 있는 여지에 초점을 맞추었다.

▷ 미국인에게도 낯선, 신화적 마을의 여자들

리 돌리는 여러 가지 의미로 경계선에 있는 인물이다. 몸과 마음이 이미 성숙했지만 법적으로 미성년이라는 점도 그렇고, 마을의 정체를 대충 알지만 진정한 일원으로 대접받지 못하는 처지를 보아도 그렇다. 마치 문명과 야만의 경계에 서 있는 웨스턴의 주인공처럼 리도 고독한 싸움을 벌인다. 리를 제외하고 영화에 등장하는 모든 사람들은 공동체의 연대의식을 공유하고 있는 것처럼 보인다.

영화의 배경은 미주리주 오자크 지역의 낙후되고 가난한 산악 마을이다. 이 마을 사람들은 생계를 위해 마약을 제조하고 자신들만의 룰을 만들어 생활한다.

〈윈터스본〉 – 아버지의 시신을 찾아야 하는 리

리는 더 큰 공동체인 국가의 법과 자신이 속한 작은 공동체인 마을의 룰 사이에 끼어 있다. 리는 보안관이나 가석방 보호 감찰관에게 마을에 관한 아무것도 발설하지 않으면서, 한편으로는 마을 사람들의 충고나 협박에 순순히 따르지 않는다. 즉, 리는 아직 국가의 법과 마을의 룰 어느 것도 내면화시키지 않은 상태다. 하지만 현실은 리에게 선택을 강요한다. 아버지가 재판에 출석하지 않자 국가는 보석금 담보로 잡혀 있는 리의 집과 땅을 빼앗아가려 하고, 마을 사람들은 아버지의 시신을 찾는 일을 방해한다. 한 다리 건너면 일 가친척인 작은 마을에서 리 가족은 온전히 융화되지 못한 채 겉돌고 있다. 내부 밀고자였기에 죽임을 당한 리의 아버지, 외톨이 같은 리의 큰아버지, 고립무원의 처지가 된 리는 마을의 일원이면서도 마을 속 타자다. 리는 아버지를 찾기 위해 아버지의 친구, 친척 등을 차례로 찾아다니다 마을의 어른 텀프 밀튼에게 간다. 커다란 가족 같은 마을 공동체에서 소외된 개인은 생존하기 어렵다. 본능적으로 그 점을 느낀 리는 '가족', '어른'을 들먹이며 텀프에게 보호해줄 것을 요청한다. 그러나 텀프는 리를 상대하지 않는다. 텀프 대신 그의 아내는 리에게 "집에 남자는 없니?"라고 묻는다.

리가 아버지의 존재든 부재든 증명하기 어려웠던 것은 여자이기 때문이다. 완고한 가부장적 공동체에서 아직 미성년인 여자는 마을의 룰을 건드릴 자격이 없다. 이 마을에서 룰을 정하고 집행하는 건 남성의 몫이다. 무자비하게 얻어맞은 조카를 찾으러 온 큰아버지가 마을 남자들에게 누구 소행인지 묻는 장면이 있다. 그때 텀프의 아내가 자신과 여동생이 한 일이라고 나선다. 이런 행동은 여자들끼리의 일로 무마하기 위함이다. 자칫하면 몸싸움이 벌어질 위기를 넘긴 다음, 텀프는 리를 데려가는 조건으로 큰아버지에게 보증을 요구한다. 더 이상 말썽을 일으키지 않게 책임을 지라는 것인데 이 거래 역시 남자들끼리 주고받을 뿐 당사자인 리는 빠져 있다.

남성 중심의 오지 마을을 그린 이 영화에서 여성의 역할은 흥미롭다. 리가 문제를 해결하도록 결정적인 도움을 주는 건 여자들이다. 리의 절친한 친구는 남편 트럭을 빌려주고 위험한 길에 동행이 되어준다. 리가 아버지의 시신을 찾는 영화의 클라이맥스에서도 리를 돕는 건 여자들이다. 집과 땅이 경매에 넘어가기 직전 텀프의 아내가 리를 찾아온다. 텀프의 아내는 아버지 시신이 있는 곳으로 리를 데려가고 리가 아버지의 죽음을 증명할 수 있도록 시신의 손목을 잘라준다. 이토록 중요한 순간 리를 도와주기 위해 여자가 나선 것은 무슨 의미일까? 마을 남자들은 룰을 어긴 리의 아버지에게 합당한 형벌을 내렸다. 리의 아버지 시신을 공식적으로 돌려줄 수는 없는 건 국가의 법을 위반하는 위험한 일이며 이미 집행한 공동체의 룰을 번복할 수 없기 때문이다. 텀프 아내의 행동을 통해 룰의 예외 조항을 집행하는 일은 남자가 아닌 여자들의 몫임을 짐작할 수 있다. 여기서 남녀의 위계를 따질 필요는 없어 보인다. 오히려 강고하고 단순한 룰의 균열 지점을 여성이 메우고 있다고 해석할 수도 있다.

모든 것이 절제된 이 영화에서 감정이 가장 고조되는 부분은 리가 아버지의 시신을 발견하고 손목을 자르는 장면이다. 차가운 겨울 호수에 손을 넣어 가라앉은 아버지 시신을 끄집어 올리거나, 죽은 아버지 손목이 전기톱에 잘려나가는 걸 보는 참혹함을 견디며 아마도 리는 동생을 타이르기 위해 했던 "겁나는 일도 해야만 한다."는 말을 되새겼을 거다. 이토록 끔찍한 장면이지만 영화에서는 생각만큼 잔인하게 느껴지지 않는다. 다람쥐 가죽을 벗겨 고기를 먹어야 할 정도로 절박한 리의 현실을 알고 있기에 그럴 것이다.

리가 잡고 있던 아버지의 손목이 잘리는 것은 상징적인 의미가 크다. 아버지의 부재로 잠시 가장 역할을 했지만 여전히 제섭 돌리의 딸로서 존재했던 리 돌리에게서 아버지가 거세되는 순간이다. 리 돌리가 진짜 가장이 되는 순간이며, 배신자인 제섭 돌리라는 짐을 벗어던지는 순간이고, 마을의 비밀에 동참하여 진짜 공동체의 일원이 되는 순간이다. 이로 인해 리는 마을과 화해하고 법적인 압박에서도 벗어나게 된다. 집과 땅도 지키고 보석금 일부도 돌려받았으니 해피엔딩이랄 수도 있다. 큰아버지가 리의 동생들에게 병아리 두 마리를 가져다주는 마지막 장면은 좀처럼 찾아볼 수 없었던 훈훈한 인정마저 느끼게 된다. 그런데 마음이 찜찜하다. 리가 귀속되어 살아야 할 이 공동체를 어떻게 볼 것인지 쉽게 판단하기 어렵다. 마을의 룰은 국가 입장에서는 불법이거나 범법이지만 척박한 땅에서 생존하기 위한 그들만의 논리이기에 함부로 재단하기 힘든 면이 있다. 미국인에게도 낯선 이 마을은 현실적인 공간이라기보다 차라리 신화적인 공간이다.

〈윈터스본〉 – 동생들에게 생존 법칙을 알려주는 리

▷ 생존의 해법을 찾아

본래 미스터리는 진실을 밝히는 이야기다. 미스터리의 전형적인 서사 구조는 범죄가 발생하고 사건을 조사하고 범인을 찾는 것이다. 〈윈터스 본〉은 형식적으로 이런 구조를 갖추고 있는 듯 보이나 이것은 영화를 밀고 가는 동력원일 뿐이다. 미스터리 구조는 사실상 맥거핀(MacGuffin)인데도 미스터리 장르의 효과가 끝까지 지속되는 점이 이 영화가 낯설게 느껴지는 가장 큰 이유다.

〈윈터스 본〉은 실존하는 아버지의 행방이 아니라 부재의 증거를 찾아다니는 이야기며 범인을 잡는 게 목적이 아니라 생존의 해법을 푸는 게 목표다. 주제로 보면 오히려 웨스턴과 닮아 있다. 국가의 법과 마을의 룰이라는 두 종류의 법칙이 맞부딪히는 지점에 선 한 소녀가 생존을 위해 아슬아슬하게 경계를 넘나드는 이야기라고 이 영화를 읽자면 그렇다. 지역의 생리로 보아 리 돌리는 마을 공동체에 편입될 확률이 높다. 그렇다고 가정한다면, 이 영화를 공동체에 융화되는 개인의 입사담(入社談)으로 읽을 수도 있다.

2
추격의 이유와 결과

- 〈추격자〉

〈추격자〉

범죄, 스릴러, 액션 | 2008년 |
한국 | 123분 | 청소년 관람불가

감독 : 나홍진

〈추격자〉(나홍진, 2007)는 화려한 네온사인 불빛이 명멸하는 도시의 밤거리를 내려다보는 숏으로 시작해서 빌딩 숲 위로 펼쳐진 컴컴한 밤하늘을 올려다보는 숏으로 끝난다. 수미상관 방식으로 처리된 이와 같은 시작과 끝 장면에서 밤과 도시라는 요소는 같지만 내려다본 도시의 밤거리와 올려다본 도시의 밤하늘은 매우 이질적이다. 그 하늘과 땅 사이에 연쇄살인범 지영민과 전직 형사 엄중호가 있다. 이 둘은 쫓고 쫓기는 관계지만 결국은 밤하늘과 밤거리 사이에 존재할 수밖에 없는 크게 다르지 않은 존재다. 감독은 덜 나쁜 놈이 더 나쁜 놈을 쫓는 영화라고 표현한다. 애초에 선악의 이분법은 없었고, 영민과 중호는 악의 스펙트럼 안에 공존한다. 영민이 그 스펙트럼의 극단에 위치한다면 중호는 그보다 훨씬 안쪽 어디엔가 놓이는 점이 다를 뿐이다.

▷ 이해할 수 있는 나쁜 놈과 이해할 수 없는 절대 악

한마디로 중호는 이해할 수 있는 인물이고 영민은 이해할 수 없는 인물이다. 밑도 끝도 없이 잔혹하고 섬뜩하게 차분한 영민이 비

현실적이라면, 중호는 비열하고 추레하지만 인정과 정의감이 아직은 남아 있는 현실적인 인물이다. 즉, 영민을 우리가 이해할 수 없는 '악'으로 설정하다 보니 그를 쫓는 존재는 비교적 감정이입이 수월한 우리와 가까운 인물로 그려졌다. 그렇지만 중호가 결코 착한 인물은 아니고 나쁜 놈이라고 해야 맞다. 뇌물 수수 등 비리 때문에 형사직에서 물러난 그의 현재 신분은 출장 안마 보도방 포주이다. 전직 형사가 포주가 된다는 설정 자체에서 이 영화가 사회 시스템을 바라보는 관점을 짐작할 수 있다. 사회의 어두운 곳을 적발하는 경찰과 도시의 음습한 산업을 운영하는 업주의 거리가 그리 멀지 않다는 걸 알려준다.

영화에서 공권력은 무기력하거나 무능하다. 연쇄살인범을 경찰 지구대에 잡아놓고도 우왕좌왕하고 기동수사대에서는 영장을 발부받지 못해 백주에 살인마를 풀어준다. 살인을 스스로 고백한 영민이 교활하게도 결정적인 증거에 대해서는 입을 다물자 경찰은 발만 동동 구른다. 분노에 찬 중호가 영민을 폭행하며 자백을 받아낼 때 영민의 과거 동료는 취조실 문을 지그시 누른다. 이 장면은 정상적인 공권력으로는 도저히 당해 낼 수 없는 절대 악에 대한 표현이며 동시에 무능한 경찰에 대한 질타이기도 하다.

▷ 살인과 추격이 이루어지는 공간

'망원', 영화가 시작되는 공간이다. 살인마 영민은 망원역에서 영화 속 첫 번째 희생자와 만난다. 유영철 사건을 염두에 두고 시나리오를 쓰면서 감독이 망원이라는 지명을 군이 영화에 넣고 싶어 했던 이유는 단어가 주는 뉘앙스 때문이었다고 한다. 망원이라는 단어는 '잊혀진 공간'같은 느낌이 들었다고 한다. 서울에 존재하는 곳이지만 어딘가 아주 멀리 있는 지명 같은 느낌 때문에 군이 촬영 장소로 적합하지 않은 망원역을 오프닝 시퀀스에 보여주고 싶었던 것이다. 영화에서 사건이 일어나는 곳은 망원이지만 실제 영화는 성북동, 북아현동, 약수동 등 서울의 여러 골목에서 촬영되었으므로 영화 속 망원동은 정말 영화에만 존재하는 비현실적인 공간인 셈이다. 그렇게 때문에 반대로 말하면, 영화 속 망원동은 우리가 살고 있는 모든 곳이 되기도 하는 것이다.

중호가 범인을 잡게 되는 힌트를 얻는 장면에서, 그가 좁은 골목 계단 위로 보이는 밤하늘에 떠있는 붉은 십자가 네온사인을 발견하는 모습이 나온다. 문득 영감을 얻은 중호는 그 교회로 찾아가고 거기서 영민에 대한 단서를 얻는다. 감독은 이 장면에 대해 "모든 살인은 십자가 아래서 이루어진다."라는 생각이 들었다고 설명한다. 이것은 종교적인 문제와는 좀 다른 이야기로 받아들여야 한다. 종교와 범죄의 연관에 대한 이야기가 아니라 오히려 종교와 범죄가 어떻게 무관한가에 대한 이야기라고 해야 옳을 것이다. 종교로 인해 세상이 정화되고 구원되는 것보다는 밤하늘을 빽빽이 수놓은 십자가가 존재하지만 그 아래에서 벌어지는 범죄는 결코 줄어들지 않는다는 것에 방점이 있다.

〈추격자〉 – 압도적인 추격의 욕망

▷ 여자가 죽을 수밖에 없는 이유

〈추격자〉에서 가장 곤혹스러운 장면은 가까스로 탈출한 미진이 또다시 영민에게 발각되고 결국 그의 손에 죽는 것이다. 영화를 보는 내내 미진이 무사히 탈출하기를 빌던 관객으로선 허탈한 일이기도 하고 꼭 죽여야 했을까 의문이 들기도 한다. 구사일생으로 살아난 피해자가 도움을 요청하기 위해 들어간 동네 슈퍼에서 하필이면 때마침 들른 범인을 다시 마주친다는 설정 자체가 사실은 자연스럽지 않다. 게다가 미행을 위해 따라붙은 형사가 근처에 잠복해 있는 상황에서 살인이 이루어져 더 허망하다. 〈추격자〉가 정말 잔인하고 무서운 건 상상할 수 없는 악몽에서 방금 빠져나온 미진을 더 상상할 수 없는 악몽 속으로 밀어 넣기 때문이다.

영화 초반 감기몸살로 누워 있는 미진이 나온다. 궁색한 살림살이라는 게 한눈에 보이는 지하 단칸방에서 미진은 하얀 잠옷을 입고 하얀 침구에 누워 있다. 이 장면에서 우리는 희생될 운명의 미진을 짐작할 수 있다. 온통 흰색으로 미진을 둘러싼 것은 분명 감독의 연출 의도가 반영된 장면이다. 주로 밤과 비 오는 날이 배경인 영화에서 화창한 대낮은 몇 번 나오지 않는데, 미진이 감금되었던 집 대문을 열고 나오는 순간 밖은 너무나 화창한 대낮이다. 연쇄살인범을 속수무책으로 놓아주는 순간 가까스로 탈출한 피해자가 곧이어 희생되기 직전의 날씨가 이토록 화창하다는 건 이 영화에서 그리는 낮의 이미지를 알 수 있게 한다. 즉, 가장 화창한 시간이 가장 끔찍한 시간인 것이다. 결국 이 세상은 음습하고 우울한 밤이거나 가장 끔찍하고 무서운 낮의 시간으로 구성된 무자비한 곳이다.

▷ 추격의 이유와 결과

영화의 시작 중호는 사라진 여자 두 명에게 준 선수금 때문에 추격을 시작한다. 중호가 잡으려 한 대상은 연쇄살인마가 아니라 자신의 여자들을 빼돌리고 팔아먹은 악덕 업자였던 것이다. 중호가 영민의 실체를 느끼는 계기는 영민의 누나 집에 다녀온 다음이다. 아무 이유 없이 어린 조카에게 폭력을 행사한 영민의 과거사를 듣고, 중호는 자신이 추격하는 대상에 대한 생각을 바꾸게 된다. 그러면서 중호에게 미진의 남편이자 미진의 딸의 보호자이며 아빠의 이미지가 조금씩 덧씌워진다. 자신만을 위해 사는 듯 보이는 중호에게 가족의 그림자가 드리우고 책임감도 느껴진다. 이 같은 캐릭터 구축은 그가 비인간적이고 나쁘기만 한 인물은 아니라는 점을 부각시키고 추격의 이유를 관객에게 제시하기 위한 것으로 상업영화에 적합한 내러티브 전략이라고 할 수 있다.

〈추격자〉 – 이해할 수 없는 절대악몽의 살인마

영화의 초반 밤거리를 내려다보는 시점은 전지적인 카메라의 것이고, 마지막 밤하늘을 올려다보는 주체는 중호이다. 결국 미진은 죽고 미진의 아이도 사고를 당했으므로 중호는 아무것도 제대로 지키진 못했다. 그러나 밤거리를 뒤덮은 향락산업의 휘황한 네온사인들 속에서 반성 없이 살던 중호라는 인물이 자기가 제대로 보호하지 못한 아이 곁에서 밤하늘을 올려다보는 행위는 상징적인 의미를 부여할 수도 있다. 적어도 중호가 갖는 짧은 성찰의 시간이라고 말할 수 있다.

이렇게 정리하면, 〈추격자〉는 매우 암울한 영화다. 희생자를 구하지도 못하고 주인공이 변화되는 것도 아니고 사회 시스템이 바뀌지도 않았다. 단지 작은 변화의 기미만 있을 뿐이다. 가정할 수 있는 변화라면, 엄마를 잃은 아이 곁에 앉아 있는 중호를 보면서 앞으로 이어질지도 모를 둘 사이의 연대를 상상해보는 정도가 고작이다. 감독이 영화를 구상하고 제작한 원동력이었던 '시스템에 대한 분노'에 대한 명료한 답을 얻지는 못했지만 '추격'에 대한 강렬한 인상은 남겼다. 쫓는 자와 쫓기는 자가 미친 듯이 골목을 누비는 모습이다. 이해할 수 없는 연쇄살인마를 잡고 싶은 제어할 수 없는 추격의 욕망, 우리는 그것을 이해할 수 있고 그 욕망을 우리는 영화 속에서 체현하고 싶은 것이다.

3
엑소시즘을 관객에게 설득하는 법

- 〈검은 사제들〉

〈검은 사제들〉

미스터리, 드라마 | 2015년 |
한국 | 108분 | 15세 관람가

감독 : 장재현

"뭐가 있긴 있는 겁니까?"

"궁금은 하네요."

영화 초반, 강동원이 던지는 이 말은 바로 관객이 〈검은 사제들〉(장재현, 2015)이라는 영화를 보기 전 떠올리는 질문이다. 한국 공포 영화사에서 '구마'(驅魔, exorcism)는 이례적인 낯선 소재다. '장미십자회', '12형상 악마' 같은 단어는 서구 영화에서 종종 들어봐 생소하지는 않지만, 한국에서 신부가 악령 들린 소녀에게 구마의식을 치른다는 설정은 언뜻 납득이 되지 않는다.

가톨릭이 우리 사회의 보편적인 종교가 된 지는 오래지만 그와는 별도로 기독교적인 악마를 인정하는 정서가 일반적이라고 볼 수는 없다. 그렇기에 〈검은 사제들〉이 넘어야 할 첫 번째 장애물은 지금 21세기 한국에서 엑소시즘이 행해지는 배경에 대해 관객을 설득시키는 것이다. 〈검은 사제들〉은 매우 영리하게 첫 번째 장애물을 넘어간다. 그리고 놀랍게도 이토록 서구적인 포장지 안에 한국 공포 영화의 엑기스를 담아 새로운 공포 장르의 맛을 만들어냈다. 〈검은 사제들〉이 초반 장애물을 넘어가는 방식과 어떻게 서구적인 외연에 한국적인 내포를 담아냈는지 살펴보자.

▷ 〈엑소시스트〉와 〈검은 사제들〉의 결정적인 차이

세련된 오프닝 크레딧 시퀀스가 지나가고 영화는 로마 가톨릭 성당에서 두 신부가 대화를 나누는 장면으로 바로 넘어간다. 대화의 요지는 한국에서 12형상 악마 중 하나가 발견되었다는 것이고, 대화를 나누는 두 신부가 직접 한국에 가서 악마를 없애야 한다는 것이다. 이 장면은 악마가 서구의 기독교적인 존재라는 것을 인정하는 전제를 마련한다. 이어서 두 신부는 서울에 나타나고 12형상 악마를 포획하는 데 성공한다. 그러나 악마를 완전하게 몰살하기 위한 장소로 이동하기 위해 차를 몰던 중 여고생을 치는 사고가 발생하고 두 신부는 처참한 교통사고로 사망한다. 풀려난 악마는 여고생의 몸속으로 숨어들고 본격적인 영화의 서사가 시작된다. 여기까지 스토리는 단숨에 진행되고 관객은 한국의 평범한 여고생이 12형상 악마가 씌운 부마자(악마의 숙주)가 되었다는 배경을 수긍하게 되는 것이다.

엑소시즘을 다룬 영화를 떠올릴 때 대부분 〈엑소시스트〉(윌리엄 프리드킨, 1973)를 연상하게 된다. 상당수의 관객에게 가장 무서운 오컬트(occult)영화로 기억되는 〈엑소시스트〉는 엑소시즘을 소재로 한 고전이라고 할 수 있다. 〈검은 사제들〉의 정보를 본 사람들은 〈엑소시스트〉를 떠올리게 되고 〈검은 사제들〉을 본 관객도 두 영화 사이의 유사성을 이야기한다. 그러나 그것은 기억일 뿐 막상 두 영화를 비교하면 상이한 점이 더 많다. 〈엑소시스트〉는 상영시간의 4분의 3 정도를 소녀에게 악령이 들어왔다는 것을 이해시키는 데 할애하고 있다. 과학과 의학이 발달한 1970년대 미국에서 악령의 존재를 관객에게 인지시키기 위해 그만큼의 시간을 소비한 것이다. 병원에 가서 엑스레이, 초음파 등 진단을 하고 검사를 하는 과정에 상당 시간을 할애한다. 이는 현대 사회에 악령 들린 소녀라는 소재를 관객에게 납득시키기 위한 스토리 구성이었으며 당시로선 필수적 요소라고 인정된다. 〈엑소시스트〉 하면 대부분 소녀의 목이 180도 돌아가고, 침대가 공중으로 떠오르고, 아이의 입에서 초록색 토사물이 쏟아지는 장면만을 기억하지만 사실은 이런 장면보다 배경 설정에 상당한 시간을 배분한 영화다. 〈엑소시스트〉에서 엑소시즘 장면은 영화의 뒷부분에 집중되어 있고, CG가 발달된 지금의 관점에서는 그다지 무서운 장면들도 아니다. 다만, 유약한 인간이 악령에 의해 무시무시한 존재가 될 수 있다는 점 자체가 공포심을 유발한다.

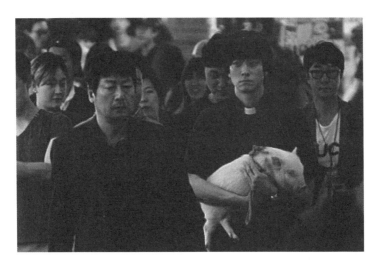

〈검은 사제들〉 - 구마 사제와 그를 돕는 부제

〈검은 사제들〉 같은 경우 악마의 유래를 어떻게 처리할지 곤혹스러운 지점이 있었으리라 짐작된다. 그런 상황에서, 이것은 원래 외래의 것인데 한국에 출몰했다, 그리고 출몰한 이상 퇴치해야 한다, 라는 아주 간결한 인과관계로 서두를 마련한 〈검은 사제들〉의 전개는 현명한 선택이라고 생각된다. 〈엑소시스트〉와 〈검은 사제들〉의 결정적인 차이는 악령의 유래에 대한 해명 부분이다. 〈엑소시스트〉는 중동의 유적 발굴 현장에서 기이한 유물이 발견되고 이것이 미국으로 전달된다는 식의 설명이 영화 서두에 전개된다. 1970~80년대 할리우드 영화 서사에서, 주로 중동에서 사건 발단의 기원이 되는 오리엔탈리즘은 모든 장르를 불문하고 상투적으로 통용되었다. 〈파라다이스〉(스튜어트 길라드, 1982) 같은 청춘남녀의 결합도, 〈인디아나 존스〉(스티븐 스필버그, 1984) 같은 액션도 바탕에 깔린 것은 이국적인 동양이라는 배경이었다. 그럴 수도 없고, 그럴 필요도 없는 〈검은 사제들〉은 오리엔탈리즘을 처음부터 염두에 두지 않았다.

그럼 서구적인 악마와 엑소시즘을 지금, 여기 한국이라는 시공간에서 어떻게 처리할 것인가? 너무 궁금했다. 결과는, 정교하고 차분하게 처리했다. 21세기 가톨릭은 "이성적이고 대중적인 종교"라는 신학교 학장의 말이나, "공식적으로는 허가할 수 없습니다."라는 주교의 선언은 영화를 보는 관객이 갖고 있는 의심이나 불신을 대변하며 이면적으로는 그럼 비공식적인 것은 무엇일까 하는 궁금증을 불러일으킨다. 이것은 바로 어리바리한 부사제가 처음 던진 질문을 공식적으로 교구에서 돌파하는 장면이다. 더불어 "참 이중적입니다. 아기 예수 탄생은 축복하고, 악마 이야기를 하면 이단으로 몰아붙이고."라는 김 신부의 대사는 관객의 심중을 파고드는 묘안이다.

기독교인이든 아니든 이성과 합리를 넘어서는 문제를 논할 때 입장
은 판이하다. 옳고 그름의 문제가 아니라 무엇을 이야기하고 싶은
가의 문제다. 그렇다면 〈검은 사제들〉은 더욱 자기 장르에 대한 의
식이 투철하다. 본래 공포는 이성과 합리를 벗어나야 하는 장르라
는 점을 이토록 명징한 대사로 표현한다는 것이 흥미롭다.

▷ 여성이 아닌 남성이 주인공인 공포영화

이제 구마(엑소시즘) 장면의 미장센으로 넘어가자. 앞에서 이야기
했듯 1970년대 〈엑소시스트〉는 많은 관객의 뇌리에 기억됨에도 불
구하고 특수효과나 CG 발달의 측면에서 보자면 시시할 수도 있다.
심리적인 공포 효과 창출에는 탁월하지만 세월의 흐름을 거스를 기
술적 진보는 어렵다. 〈검은 사제들〉은 구마 장면의 미장센에서도
매력적인 요소를 충분히 갖추었다. 바퀴벌레와 쥐떼 등이 출몰하는
화면은 한국인들이 갖고 있지 않은 원관념으로서 악마에 대한 가시
적 이미지를 표현하는 데 상당히 효과적이었다. 물론, 여기에는 강
동원이라는 배우의 이미지도 큰 몫을 하고 있다. 강동원이 아니라

면 아마도 이 영화의 감동은 줄어들었을 것이다. "궁금은 하네요." 라고 물어본 강동원이라는 그저 그런 신학생이 진짜 구마 신부가 되는 과정은 관객이 영화에 몰입하는 시간과 일치한다. 그가 갖고 있는 여동생에 대한 트라우마는 적절한 선택이다.

2000년대 한국 공포영화는 보통 가족 관계의 트라우마에 기초하고 있는데 거의 모성에 집중된 성향이 있다. 그런데 오빠/여동생 관계는 흔치 않을 뿐 아니라 강동원이라는 배우를 영화적으로 활용한 것은 참 적절한 선택이다. 트라우마에 대한 과거 회상 장면을 너무 길거나 빈번하게 쓰지 않은 것도 〈검은 사제들〉의 장점이다.

원혼, 가족 관계의 트라우마, 무속, 이런 모든 소재를 엑소시즘이라는 낯선 소재 안에 차곡차곡, 그러나 체하지 않게 담아 넣은 게 〈검은 사제들〉이다. 2000년대 한국 공포영화는 대부분 원혼과 모성이라는 주제로 환원된다. 그렇다 보니 대부분 공포영화의 주인공은 여성(가임기 여성)이 대부분이다. 〈검은 사제들〉은 소재의 특수한 점도 있지만 한국 공포영화의 주인공으로 남성을 소환했다는 점에서도 기념비적이다.

4
수면 아래 숨겨진 진짜 공포

- 〈해빙〉

〈해빙〉

미스터리, 스릴러 | 2017년 |
한국 | 117분 | 15세 관람가

감독 : 이수연

이수연 감독은 〈해빙〉(2017)이 "앞에서 질문을 던지고 뒤에서 답을 제시하는" 구조라고 말한다. 일반적으로 스릴러는 사건이 일어나고 조사 과정을 거쳐 사건이 해결되는 서사 구조를 갖고 있다. 이수연 감독은 '사건'이라는 말 대신 '질문'이라고 표현했다. 〈해빙〉은 스타일과 스토리 모두 스릴러보다는 호러에 가깝다. 그러므로 '사건이 발생한다.'보다는 '질문을 던진다.'라는 문장이 어울린다.

〈해빙〉 증폭되는 의심에 사로잡힌 승훈

호러는 인간과 사회의 근원적인 문제들을 질문하는 장르다. 스릴러가 사건의 인과관계를 합리적으로 설명한다면, 호러는 설명되지 않는 서사의 잉여와 이성의 균열을 끌어안고 있는 장르다. 〈해빙〉을 호러로 받아들일 때 서사의 모호함은 매력으로 작용하지만 스릴러라는 틀로 해석할 경우 사건의 설명이 미진하다고 느낄 수 있다. 〈해빙〉을 되짚어보면 감독의 말과 달리 답은 이미 처음부터 주어졌다. 연쇄살인, 시신 훼손과 유기의 범죄를 저지른 정육식당 부자는 자신들의 범행을 영화 초반에 이미 고백한다. 답지를 눈앞에 들고도 문제를 해결하지 못하는 함정에 빠진 상태, 〈해빙〉의 원초적 공포는 거기서 비롯된다.

▷ 포정해우(庖丁解牛), 살인의 고백

정육식당 정 노인은 수면내시경 중 가수면 상태에서 자신이 저지른 살인에 대해 발설한다. 관절 아래에 칼을 넣고 싹 도려내서 팔다리는 한남대교에 몸통은 동호대교에 머리는 아직 냉동 창고에 두었다고 구체적으로 설명한다. 내시경을 보던 의사 승훈은 정 노인의 실언 혹은 고백에 깜짝 놀란다. 정 노인이 마취가 풀리는 과정에서 실언을 한 것인지 자신의 범죄를 고백한 것인지는 불분명하다. 설령 자신도 모르게 새어나온 말이라고 하더라도 정 노인의 표정은 담담하다. 당황해하거나 불안한 기색이 전혀 없다. 이 장면과 정 노인의 아들 성근의 말을 이어서 생각하면 이들 부자는 고의적으로 승훈에게 범행을 알리고 있다는 느낌이 든다.

〈해빙〉 – 미스테리한 정육식당 부자

정 노인이 수면내시경을 한 날 저녁, 성근은 비닐봉지에 담긴 고기를 들고 승훈을 방문한다. 승훈의 원룸 식탁에서 벌어진 술자리에서 성근은 뜬금없이 '포정해우'라는 말을 아는지 묻는다. 성근은 승훈에게 고사성어의 의미는 알려주지 않고 〈장자〉의 '양생주편'에 나오는 말이라고만 설명한다. '귀신같은 솜씨'라는 뜻의 '포정해우'는 단어 그대로 하면 '요리사가 소를 해체한다'라고 풀이된다. 위나라 혜왕이 살아 있는 소를 순식간에 해체하는 요리사의 솜씨에 감탄했다는 일화에서 나온 말이다. 대부분의 관객도 승훈처럼 고사성어의 뜻을 모른 채 어리둥절 지나가기 쉬운 장면인데, 실은 매우 중요한 고백이다. 성근은 아버지가 하던 정육식당을 물려받아 운영하고 있다. 현업에서 은퇴한 정 노인과 달리 성근은 늘 고기를 자르고 뼈를 분리하는 모습으로 등장한다. 언뜻 들으면 자신의 발골 솜씨를 은근슬쩍 자랑하는 말 같지만 한 꺼풀 벗겨 생각하면 자신의 행위에 대한 고백이다.

술판이 벌어지기 전 성근은 고기가 담긴 비닐을 들어 보이며 "사람 횡격막이에요."라는 농담을 건넨다. 성근은 승훈이 깜짝 놀라자 사람으로 치면 횡격막에 해당하는 소고기 안창살이라고 바로 정정한다. 영화의 마지막 장면부터 거꾸로 유추하면 성근의 이 대사는 시신을 해체한 자신의 행위를 설명하는 말이 된다. 정 노인은 젊은 시절부터 살인을 해왔고 시신도 직접 처리했던 것으로 보인다. 그러다 일정 시기가 되어(아마도 성근의 첫 번째 아내가 가출한 시점) 노쇠한 정 노인 대신 아들 성근이 시신을 처리해 왔을 것이다. 정 노인은 마치 히치콕 영화 〈싸이코〉의 주인공 노먼 베이츠처럼 수십 년간 몇 명인지 가늠할 수도 없는 살인을 저지른 인물이다. 노먼 베이츠는 살인을 저지르는 엄마와 시신을 처리하는 아들이라는 분열된 자아를 한 몸에 지니고 있었다. 〈해빙〉에서 정 노인과 성근은 노면 베이츠가 저지른 두 가지 역할을 분담해서 처리해온 것이다. 정 노인과 성근은 '귀신같은 솜씨'를 가진 요리사, 즉 '포정'이다.

▷ 환(幻)과 진(眞)의 자리바꿈

〈해빙〉에는 범인이 밝혀진 두 개의 살인 사건이 있다. 하나는 승훈이 50대 명동 사채업자 배 사장을 살해하고 한강에 유기한 사건이고, 하나는 정 노인이 승훈의 전처를 살해하고 성근이 시신을 처리한(했을) 사건이다. 화면에 제시된 살해 장면은 승훈의 전처를 우발적으로 살해하는 정 노인의 모습을 담은 블랙박스 영상뿐이다. 정육식당 부자의 범행은 승훈의 악몽과 환각 속에서만 등장한다. 〈해빙〉이 진짜 호러인 이유는 승훈의 환각이 진실이었다는 것이다. 물론 승훈이 본 것 자체는 환각이었을 수 있지만 진실은 그 환각 속에 담겨 있다. 갈고리에 걸린 목 없는 여성의 시신 앞에서 발골용 칼을 가는 정 노인과 성근의 모습은 진실이다. 정육식당 냉동 창고 검은 비닐봉지 속에는 사람의 머리가 보관되어 있을 가능성이 높다.

한밤중 은밀한 장소에서 성근이 만들고 있는 다짐육의 정체도 미심쩍다. 정 노인이 말하는 "육회"라는 것도 의미심장해 보인다.

승훈은 정육식당 부자의 범죄를 확신하고 물증을 찾기 위해 애쓰면서도 경찰에 고발하지는 못한다. 자신이 저지른 한 번의 살인과 프로포폴 불법 투약 사실이 그의 발목을 옥죄고 있다. "답이 있는 것"이 좋아서 추리소설을 즐겨 읽는 승훈은 막상 진실의 일면을 발견하고도 용기를 내지 못한다. 현실을 회피하고 진실을 억압하기 위해 승훈이 마련한 장치는 조 경사라는 허구의 인물을 만들어내는 것이었다. 조 경사는 승훈의 양심, 변명, 죄책감, 자기 합리화를 대변하는 내면의 자아이자 프로포폴 주사에 중독된 승훈이 보는 환각이다. 승훈은 자신의 정신과 상담의였던 남인수 박사와 즐겨보던 추리소설 작가의 이름을 합성해 조 경사라는 허상을 만들어냈다. 현실을 망각하고 싶다는 욕망이 커지면 환각은 현실에 똬리를 틀게 되고 욕망이 극대화될수록 환각은 현실을 잠식한다. 처음에는 간간이 출몰하던 조 경사가 본격적으로 승훈의 일상에 개입하기 시작하는 것은 승훈 주변에 심각한 위험이 발생하면서부터다. 전처와 아들이 위협에 처하자 승훈의 내적 갈등은 극에 달하고 승훈의 내적 자아인 조 경사의 목소리도 커진다.

승훈과 조 경사가 처음으로 긴 대화를 나누는 장면은 미장센만으로도 조 경사가 허상이라는 것을 알려준다. 조 경사는 화면에 뒷모습만 보이고 그의 정면 얼굴은 거울 안에 비친다. 붉은색 노끈으로 묶인 거울은 승훈의 내면이고 조 경사는 그 안에 존재하는 인물이다. 전처가 실종되었다는 얘기를 들은 승훈 앞에 나타난 조 경사는 "아내는 왜 죽였어?"라고 묻는다. "저는 그런 사람이 아닙니다." 승훈은 강하게 부인하고 범인으로 정육식당 부자를 지목한다. 승훈은 경찰에 알려야 한다고 생각하지만 살인을 저지른 자신의 말을 믿지 않을 것이라는 불안함 때문에 주저한다. 결국 승훈은 아들이 위험해지자 조 경사에게 구조를 요청하는데 승훈이 실제로 전화한 사람은 바로 남인수다. 아들을 구해야 하는 절박한 순간, 승훈은 조 경사라는 허상이 아닌 현실의 존재를 소환할 수밖에 없었다. 절체절명의 순간, 마치 얼음이 녹아 수면 아래 있던 시체가 떠오르듯이 현실의 민낯이 드러난 것이다. 그러나 승훈이라는 개인의 진실은 밝혀짐에도 불구하고 거대한 비밀과 음모는 여전히 결빙 상태인 채로 영화는 마무리된다.

5
소녀의 흡혈이 의미하는 것

- 〈밤을 걷는 뱀파이어 소녀〉

〈밤을 걷는 뱀파이어 소녀〉

멜로 · 로맨스, 공포 | 2015년 |
미국 | 101분 | 15세 관람가

감독 : 애나 릴리 아미푸르

스트라이프 티셔츠, 차도르, 스케이트보드, 고양이, 이 네 가지는 '악의 도시'에 살고 있는 뱀파이어 소녀의 이미지를 만들어내는 조건들이다. 애나 릴리 아미푸르 감독의 데뷔작 〈밤을 걷는 뱀파이어 소녀〉(2014)의 참신함은 스토리가 아니라 강력한 이미지들을 결합하는 스타일에 있다. 스트라이프 티셔츠 위에 차도르를 뒤집어쓴 뱀파이어 소녀가 인적 없는 밤거리에서 스케이트보드를 타고 달리는 모습은 현대적인 경쾌함과 고전적인 그로테스크의 경이로운 조합이다.

〈밤을 걷는 뱀파이어 소녀〉 – 차도르를 쓴 뱀파이어 소녀

고전 설화부터 근대의 고딕소설로 이어지던 뱀파이어 이야기는 영화의 등장 이후 호러 장르의 가장 매혹적인 소재가 되었다. 인간

의 피를 먹고 영원히 죽지 않는 뱀파이어는 두렵고 낯선 존재이기에 매력적이었다. 그러나 이제는 TV 드라마의 주요 캐릭터로 뱀파이어가 나올 만큼 친숙해졌다. 〈밤을 걷는 뱀파이어 소녀〉는 본디 낯설었던 것이 마치 일상의 존재처럼 가까워져 버렸을 때 그것을 다시 비일상적인 존재로 환원시키는 하나의 해법을 제시한다.

▷ 타락한 성인 남성들에 대한 응징

흑백 화면으로 찍은 〈밤을 걷는 뱀파이어 소녀〉의 시공간은 모호하다. 단지 '악의 도시'(bad city)라고 지칭되는 공간이 어디인지 알 수 없다. 미국을 매우 낯선 공간으로 묘사한 짐 자무시의 〈천국보다 낯선〉(1984)의 흑백 화면을 연상시킨다. 더구나 〈밤을 걷는 뱀파이어 소녀〉의 인물들은 이란어를 사용하고 있어 공간적 모호함은 한층 심화된다. 실제 촬영은 미국의 베이커스필드에서 했다고 알려졌지만 영화에서 특정 도시를 짐작하기 어렵다. 명암의 대비, 길게 드리운 그림자, 고딕 양식을 연상시키는 건축물에서 독일 표현주의를 연상하게 되고, 쉴 새 없이 돌아가는 석유 유정의 프로펠러, 높다란

굴뚝에서 피어오르는 연기, 밤공기를 가로지르는 화물열차, 말라버린 시냇물에서는 웨스턴과 필름누아르의 흔적을 발견하게 된다.

애나 릴리 아미푸르 감독은 자신의 영화가 "세르지오 레오네와 데이비드 린치가 로큰롤 베이비를 낳았는데, 〈노스페라투〉(프리드리히 빌헬름 무르나우, 1922)가 와서 베이비시터를 한 것 같은" 작품이라고 말한다. 다소 괴이한 설명이나 그녀가 그리고자 했던 세계가 무엇인지 잘 알려주는 말이다. 장르의 혼종은 감독이 계산해서 내놓은 결과물이라기보다 자신에게 축적된 영화적 감수성이 자연스럽게 분출된 현상으로 보인다.

차도르 자락을 망토처럼 휘날리며 스케이트보드를 타는 뱀파이어 소녀라는 새로운 이미지를 구축하고, 알 수 없는 시공간 속에 인물들을 배치시킨 이 영화가 이야기하는 내용은 아주 단순하다. 스토리를 정리하면 다음과 같다. 순결한 뱀파이어 소녀가 타락한 인간세상의 틈새에 존재한다. 소녀는 타락한 인간을 응징하는 차원에서 흡혈을 한다. 뱀파이어 소녀는 도시에서 유일하게 순수한 소년과 사랑에 빠지고 악의 도시를 탈출한다. 대사도 많지 않다. 타락한 세상에 대한 묘사도 술, 마약, 매춘에 빠진 부도덕한 인간들만이 존재한다는 정도다. 소략한 중심 스토리를 메워주는 것은 강렬한 시각적 이미지들과 종횡무진 소환되는 다양한 음악들이다. 스파게티 웨스턴에 흘러나올 법한 음악부터 팝 발라드 등 소년과 소녀가 듣는 음악이나 화면에 깔린 배경음악 역시 시공간을 초월한다. 이와 같은 시공간의 무화와 초월이 가져오는 효과는 시대와 국적을 불문하고 '인간 세상은 타락했다.'라는 메시지의 명료화이다.

〈밤을 걷는 뱀파이어 소녀〉는 타락에 대한 뚜렷한 구원책을 제시하지는 않지만 타락한 자를 구체적으로 지목하고 있다. 뱀파이어 소녀는 영화에서 세 번 사람을 죽이고 흡혈을 한다. 그녀가 죽이는 대상은 부류가 한정되어 있다. 그들은 술, 마약, 매춘에 빠진 성인 남성이다.

영화에 등장하는 뱀파이어 소녀의 첫 번째 살인과 흡혈 장면은 그녀가 '이빨 달린 질'(vagina dentata)을 갖고 있는 존재라는 걸 잘 보여준다. 뱀파이어 소녀는 흡혈 충동이 일어날 때만 날카로운 송곳니를 드러낸다. 첫 번째 희생자는 젊은 마약상인데 그의 온몸을 휘감은 문신 중에서도 유독 목 앞쪽에 새긴 'sex'라는 글자가 두드러진다. 뱀파이어 소녀는 자신을 유혹하는 그의 손가락을 입에 넣자마자 뱀파이어로 돌변해 그의 손가락을 잘라버린다. 잘린 손가락을 마약상의 입에 처넣은 뒤 소녀는 그의 목덜미를 물어 흡혈을 한다. 성적 방종에 대한 처벌이라는 의미가 확연하게 드러나는 장면이다. 두 번째, 세 번째 희생자도 모두 성인 남성인데 한 명은 술에 취해 뻗어 있는 거리의 부랑자이고, 다른 한 명은 평생을 마약과 여자에 탕진한 노인이다.

뱀파이어 소녀는 잉여인간이라 할 수 있는 남성들을 처치하지만 소년과 여자를 희생 대상으로 삼지 않는다. 구걸을 하는 소년에게 "착한 아이가 되렴. 너를 평생 지켜볼 거야."라고 겁을 주지만 해치지는 않는다. 매춘으로 생계를 이어가는 여성에게는 "당신의 슬픔"을 보았다고 위로한다. 문란한 생활을 하는 부유하고 젊은 여성들 중 아무도 희생되지 않는다. 타락한 성인 남성만을 응징하는 뱀파이어 소녀의 송곳니가 '이빨 달린 질'의 은유라는 점이 확실해지는 지점이다.

〈밤을 걷는 뱀파이어 소녀〉 – 성적 은유를 담은 흡혈행위

뱀파이어 소녀와 아라쉬가 가까워지는 모습은 위태롭다. 뱀파이어 소녀는 아라쉬와 스킨십을 하면서 자기도 모르게 솟아오르는 송곳니를 감추기 위해 고개를 돌린다. 아라쉬가 선물한 귀걸이를 하기 위해 옷핀으로 귀를 뚫는 장면에서 그녀의 본능이 더욱 적나라하게 드러난다. 아라쉬가 소녀의 귓불을 옷핀으로 뚫는 것은 성적 행위를 상징한다. 이때 소녀의 송곳니는 매우 위협적인 상태로 변한다. 이빨 달린 질 대신 송곳니를 가진 뱀파이어 소녀에게 섹스는 곧 흡혈 행위가 된다. 소녀는 언제까지 아라쉬에게 송곳니를 감추고 지낼 수 있을까?

〈밤을 걷는 뱀파이어 소녀〉가 타락한 세상을 응징하고 구원한다
는 심층적 주제를 내포하고 있을까? 그런 것 같지는 않다. 아라쉬는
마약에 찌든 아버지를 돌보며 힘들게 2,191일을 일해 원하던 차를
샀지만 바로 마약상에게 빼앗겼다. 영화 초반과 중반 등장하는 TV
에서 흘러나오는 이야기는 잔인하다.

"행복한 가정을 생각하십니까? 당신의 남편은 당신을 떠나거나
앓아누워 버릴 수 있습니다. 이런 게 인생입니다."

뱀파이어 소녀에게 위로받은 매춘부는 감사 인사 대신 "부자나 멍
청이들만이 세상을 바꿀 수 있다고 믿는다."라는 신념을 건조하게
들려준다. 즉, 〈밤을 걷는 뱀파이어 소녀〉는 표면적으로 타락과 응
징을 이야기하지만 이것은 스토리 전개 차원의 소재로 보인다. 희
망과 구원에 대해서는 유보적이다. 순수한 아라쉬만이 희망의 끈을
놓지 않고 있는 듯 보인다.

악의 도시를 떠나는 아라쉬와 뱀파이어 소녀가 갈 곳이 있을까? 질문은 꼬리를 문다. 마지막 장면에서 급작스럽게 후미등이 켜지고 어둠 속으로 달려가는 자동차의 뒷모습은 희망 혹은 절망 어느 편으로도 기울지 않는다. 알프레드 히치콕의 〈새〉(1963) 마지막 장면이 떠오르며, 이들이 과연 악의 도시를 무사히 빠져나갈 수 있을지에 대한 근본적인 회의를 떨쳐내기 어렵다. 또 한편으로는 토마스 알프레드슨의 뱀파이어 로맨스물 〈렛미인〉(2008)의 마지막 장면처럼, 예정된 슬픈 결말이 읽히기도 한다.

〈밤을 걷는 뱀파이어 소녀〉에는 배우 이상의 비중을 갖는 고양이가 시종일관 모습을 드러낸다. 말없이 차에 앉아 있는 아라쉬와 뱀파이어 소녀를 번갈아 쳐다보는 고양이의 시선은 알 수 없는 둘의 운명을 번갈아 바라보는 감독의 시선이자 관객의 시선이 된다. 어둠이 사라지면 무엇이 나타날지 아무도 모른다.

제4부

성장을 위해 치르는 대가

1
후버 가족의 야단법석 1박 2일 여행기

- 〈미스 리틀 선샤인〉

〈미스 리틀 선샤인〉

코미디, 드라마, 모험 | 2006년 |
미국 | 102분 | 15세 관람가

감독 : 조나단 데이턴, 발레리 페리스

〈미스 리틀 선샤인〉(조나단 데이턴 · 발레리 파리스, 2006)은 가족영화이고 로드무비이며 코미디다. 후버 가족은 막내딸 올리브의 미인대회 참가를 위해 갑작스레 여행을 떠나게 되는데, 뉴멕시코에서 캘리포니아 라돈도 비치까지 가는 1박 2일의 여정에서 이들은 온갖 사건과 사고를 겪게 된다. 고물 미니버스를 타고 함께 이동하는 후버 가족은 총 6명으로 후버 부부와 두 자녀, 할아버지, 외삼촌이다. 결코 평범하지 않은 이들 가족은 처음부터 한 버스를 타고 함께 여행을 떠날 작정은 아니었다. 그러나 이런저런 사정으로 좋으나 싫으나 꼼짝없이 고물버스에 동승한 이들은 비좁은 버스 안에서 함께 보내는 시간만큼 서로를 느끼고 알게 된다.

이 여행의 계기를 제공한 7살짜리 올리브는 배가 좀 나오고 안경을 낀 귀엽고 명랑한 집안의 막내이다. 올리브는 미인대회에 썩 어울리는 외모는 아니지만 미인대회 비디오를 보면서 열심히 동작을 흉내 내고 무대에 설 꿈에 부풀어 있다. 성공학 강사인 올리브의 아빠는 세상에는 '승자와 패자' 두 종류의 사람만 있다고 입버릇처럼 말하지만, 그의 삶이 성공적이라고 말하긴 어렵다. 그런 남편을 지겨워하면서도 집안의 구심점 역할을 해내는 엄마는 매일 저녁 치킨과 샐러드를 사다가 인스턴트 식탁을 차린다. 니체를 탐독하는 진지한 소년인 올리브의 오빠 드웨인은 가족과는 최소한의 소통만 하며 자신의 방에서 거의 칩거 생활을 한다.

그는 공군사관학교에 입학할 때까지 말을 하지 않겠다고 선언하고 9개월째 지필 대화만 하고 있다. 올리브의 할아버지와 외삼촌은 피치 못할 사연 때문에 일시적으로 이 집안에 머물고 있는 중이다. 마약을 하다가 양로원에서 쫓겨난 할아버지는 손자에게 "한 살이라도 젊었을 때 많이 해라."라고 충고하고 사돈에게 포르노 잡지를 사달라고 부탁하는 괴짜 노인이다. 자칭 미국 최고의 프루스트 학자인 삼촌 프랭크는 대학원생 제자였던 게이 연인에게 실연당하고 자살을 시도했다 실패한 자의식에 가득찬 지식인이다. 올리브의 엄마는 프랭크가 혼자 있으면 다시 자살을 시도할 수 있다는 의사의 말에 그를 집으로 데려온 것이다.

후버 가족의 파란만장 여행기에 등장하는 온갖 악재와 불운의 시초는 미니버스 클러치가 고장나는 사건이다. 결국 임시방편으로 문제를 해결하고 겨우 여정을 재촉하지만 아빠와 삼촌, 드웨인은 예상하지 못한 당황스러운 상황에 직면하거나 절망적인 소식을 듣는다. 자신이 고안한 '성공을 위한 9단계' 이론을 책과 DVD 등으로 만들어 돈을 벌려는 아빠는 이동하면서도 애타게 연락을 기다렸으나 계획이 취소되었다는 최종 통보를 받게 된다. 프랭크는 고속도로 휴게소에서 할아버지가 부탁한 포르노 잡지를 사려는 찰나 자신을 버린 연인과 민망한 조우를 한다. 드웨인은 올리브와 놀아주다가 우연찮게 색맹임이 드러나서 목표로 삼았던 공군사관학교에 갈 수 없다는 사실을 알게 되고 몹시 괴로워한다. 오랜 침묵 끝에 입을 연 드웨인이 절규한다.

"이혼 전력, 빈털터리, 자살 시도까지…. 이런 가족이 어디 있어?"

그의 말처럼 후버 가족은 인생 최악의 상태를 겪고 있다. 그럼에도 불구하고 후버 가족은 캘리포니아 행을 포기하지 않는다. 이들이 이 여행을 기필코 마쳐야 하는 이유는 없어 보이지만, 달리 보면 지금 여행을 그만두고 돌아가야 할 이유도 없기는 매한가지다. 다소 비약해 말하자면 가족이라는 이름으로 시작된 여행은 이유가 중요한 것이 아니기 때문이다. 후버 가족이 괴팍하고 이상해 보이지만, 알고 보면 모든 가족은 후버 가족과 다를 바 없다. 제각각 개성이 다른 인물이 모여서 가족을 이루고 때론 힘을 합해 문제를 해결한다는 점에서 그렇다.

〈미스 리틀 선샤인〉 – 버스 안에 모인 후버 가족

또한 살아간다는 것이 뜻밖의 상황에 부딪히고 절망하고 그러다 극복하고 웃고 하는 과정의 연속이라는 걸 생각하면, 이들이 여행 중 부딪히는 사건과 사고도 어쩌면 일상적인 일일 뿐이다. 그렇게 보면 후버 가족의 이 야단법석 여행기는 이 시대 가족의 초상을 보여주고 있다. 미니버스 클러치가 고장나서 온 가족이 버스를 손으로 밀고 한 사람씩 올라타는 장면은 가족이라는 이름이 아직 의미 있는 이유를 느끼게 한다.

CF와 뮤직비디오로 명성을 얻었던 부부 감독은 자신들의 첫 영화 배역 선정에 무엇보다 고심했다고 한다. 그들은 막내 올리브 역에는 〈싸인〉(M. 나이트 샤말란, 2002)에 출연했던 아비게일 브레슬린, 아빠 역은 〈이보다 더 좋을 순 없다〉(제임스 L. 브룩스, 1997)의 그렉 키니어, 엄마 역에는 〈뮤리엘의 웨딩〉(P.J 호건, 1994)에 나왔던 호주 출신 토니 콜레트를 낙점했다. 우울한 프랭크 삼촌으로 분한 〈40살까지 못해본 남자〉(저드 애퍼타우, 2005)의 스티브 카렐이나 자폐증 성격을 갖고 있는 드웨인 역으로 나온 신예 폴 다노는 외모부터 인물과 딱 떨어지게 어울리는 캐스팅이다. 독특한 가족 구성원의 여행기를 그린 것이니만큼 캐스팅이 관건인데 결과적으로 성공적이다.

이 여정의 하이라이트는 올리브가 우여곡절 끝에 미인대회 무대에 오른 다음 벌어지는 일들이다. 고생 끝에 무대에 서고 좋은 결과를 얻는다는 식의 결말을 상상한다면 그건 너무 상투적이다. 후버 가족은 참신한 감각을 살린 인디영화다운 유쾌한 반란을 보여준다. 2006년 선댄스 영화제에서 호평 받은 〈미스 리틀 선샤인〉은 미국 박스오피스에서도 선전했다.

2
사랑과 일의 변증법적 지양

- 〈500일의 썸머〉

〈500일의 썸머〉

코미디, 드라마 | 2010년 |
미국 | 95분 | 15세 관람가

감독 : 마크 웹

소년이 남자가 되기 위해서 찾아야 할 두 가지는 무엇일까? 귀엽고 재기발랄한 로맨틱코미디 〈500일의 썸머〉(마크 웹, 2009)는 짝(여자)과 일(직업)이라고 답하고 있다.

로맨틱코미디는 남성보다 여성이 선호하는 장르지만 이 영화만큼은 남성이 더 공감할 만하다. 대부분의 로맨틱코미디에서 시선의 주체는 여성이지만 이 영화는 남성의 시선을 견지하고 있다. 이는 단지 남자 주인공을 내세웠기 때문이 아니라 〈봄날은 간다〉(허진호, 2001), 〈질투는 나의 힘〉(박찬옥, 2002) 같은 남성 성장 멜로드라마의 성격을 띠고 있기 때문이다.

마크 웹 감독은 이렇게 장르의 관습을 살짝 비틀어 인상적인 데뷔작을 완성했다. 사랑과 이별을 겪으면서 성장하는 남자가 주인공인 로맨틱코미디가 있었던가? 여성의 마음을 읽을 수 있게 된 남자가 그동안 몰랐던 여성의 내면을 이해하게 되는 〈왓 위민 원트〉 정도가 근접한 주제를 갖는 영화로 물망에 오른다. 감독은 서두의 내레이션을 통해 이 영화가 뻔한 '사랑 이야기'가 아니고 '한 소년이 소녀를 만난 이야기'라고 강조한다.

사실 이 영화는 '사랑 이야기'다. 그런데 굳이 이런 방점을 찍어놓은 것은 관객의 통념에 제동을 걸기 위해서다. 아마도 감독이 생각하는 '뻔한' 사랑 이야기는 고난과 갈등을 극복한 커플이 결합하는 해피엔딩이나 〈러브 스토리〉(아서 힐러, 1970)처럼 비극일지언정 죽음으로 완결되는 낭만적 사랑의 신화를 구현하는 이야기라고 추정된다. 이런 가정 아래 앞에 언급한 내레이션을 풀어보면 이 영화는 커플이 결합되는 이야기가 아니라 남자 주인공이 한 여자를 만나서 겪는 사건과 심리를 보여주는 데 초점을 두겠다는 뜻이 된다.

▷ 결국, 그녀의 짝은 당신이 아니었다

익숙한 것들을 적절히 차용하면서도 진부하지 않은 결과물을 만들었다는 점이 〈500일의 썸머〉의 큰 미덕이다. 무엇보다 가장 익숙한 것은 착하지만 소심한 남자 주인공 톰이 겪는 사랑의 사이클이다. 사랑의 설렘과 환희, 실연의 고통, 분노, 절망, 다시 찾아온 희망, 배신감, 체념, 극복까지 톰은 사랑의 사이클을 정확하게 한 바퀴 돈 뒤에 비로소 새로운 자아를 찾아 출발한다. 〈500일의 썸머〉

에 등장하는 에피소드는 특수하지만, 사랑의 기승전결과 후일담은 유사한 법이어서 영화는 관객으로 하여금 보편적 경험을 환기시킨다. 그러나 만일 이 영화가 사랑과 이별 이야기를 순차적으로 나열한 로맨틱코미디였다면 엄청난 지루함을 안겨주었을 것이다. 주제를 효과적으로 전달하면서 참신함도 살린 영화의 전략은 시간의 재배치다. 정신없을 정도로 실제 시간을 뒤죽박죽 섞어놓은 서술의 시간은 관객으로 하여금 사랑이라는 사건을 한발 물러서서 객관적으로 보게 만들고 자신의 경험을 반추할 시간적 여유를 제공하고 있다. 그 덕에 〈500일의 썸머〉는 한 남자의 사랑과 실연의 보고서를 넘어 인간이 어떻게 연애라는 사건을 통과하여 성장하고 변모하는가를 추적하는 영화이자 사랑이라는 추상적 개념에 대한 실증적인 탐구 생활이 되었다.

시간의 파격적인 재배치라는 형식적 특징에 비하면 영화에 두루 쓰인 다채로운 형식 실험은 재치 있지만 독창적이라고 말할 수는 없다. 내레이션과 인터뷰 형식을 섞어 페이크 다큐의 느낌을 살리거나, 뮤지컬 장면 삽입, 고전 명화의 패러디, 애니메이션과 화면 분할 등은 이제 낯선 것이라기보다는 익숙한 축에 넣어야 할 것이다.

많은 로맨틱코미디에서 남녀는 티격태격하다가 결국 내 인생의 반쪽은 너라는 결론을 얻거나 겉멋에 홀려 홀딱 넘어간 상대가 아니라 진짜 내 짝은 옆에 있는 평범한 상대라는 걸 깨닫게 되는 경우가 많다. 이런 경우 서사는 남녀의 심리와 사건 전개의 추이를 따라가야 하지만 〈500일의 썸머〉는 차별화된 전략을 택한다. 순서를 무시하고 두서없이 끌려나오는 연애의 기억들은 톰이 겪은 사랑의 사이클에 존재하는 모든 시간을 같은 비중으로 다루는 결과를 초래한다. 심지어 가장 극단적인 순간을 숨 고를 틈도 없이 맞붙여놓기도 한다. 첫 섹스 뒤 장밋빛 인생을 예찬하는 톰의 득의양양한 모습을 보여주고는 바로 이어 실연당한 톰의 축 처진 몰골을 연결하는 식이다. 톰에게 연애 시작 40일째와 300일째는 천당과 지옥을 오가는 차이가 있지만 영화는 이 두 시간을 등가로 놓고 있다.

〈500일의 썸머〉에서 톰이 첫눈에 반해 사랑한 썸머의 독특한 캐릭터는 영화를 진행시키는 핵심 동력이다. 〈봄날은 간다〉의 은수가 "자고 갈래요?"라는 도발적인 말로 상우를 이끌었듯 썸머는 톰의 열정을 촉발시킨다. 먼저 불을 지피고 예고 없이 불쑥 자리를 뜨는 여자주인공은 소년이 성장하며 만나는 매혹적인 장애물이다. 소년은 이들에게 매혹되지만 장악하거나 이해하지는 못한다. 〈500일의 썸머〉에서 톰의 심리가 내레이션까지 동원되며 세밀히 설명되는 데 비해 썸머의 내면은 구체적이지 않은 까닭이 톰의 시선 속에 비친 썸머는 자신의 패러다임으로 해독할 수 없는 암호이기 때문이다.

썸머는 소심하고 우유부단한 톰을 처음부터 리드한다. 엘리베이터에서 '더 스미스'의 음악을 화제로 먼저 말을 건 것도, "날 좋아해요?"라는 질문을 던진 것도, 사무실에서 기습 키스를 한 것도 모두 썸머였다. 도발적이고 자유분방한 썸머는 공원에서 낮 뜨거운 단어를 큰 소리로 외치고 비디오 숍에서는 주저 없이 성인물을 고른다. 둘만의 놀이를 만들어내는 것 역시 썸머의 몫이다. 이 영화에서 가장 인상적인 에피소드인 쇼핑센터 데이트 장면은 썸머의 매력을 잘 드러낸다.

썸머는 가구 매장 소파에 천연덕스럽게 앉아 '아메리칸 아이돌'을 볼 시간이라며 TV 리모컨을 누른다. 썸머가 설정한 소꿉장난의 세계에 단숨에 동화된 톰은 주방가구 코너의 식탁으로 자리를 옮겨 썸머의 요리를 기다린다. 썸머를 바라보는 톰의 시선에 반쪽, 운명,

천생연분이라는 단어가 적힐 즈음 톰은 느닷없이 이별을 통보받는다. 톰은 썸머의 마음을 이해하기 위해 연애의 기억을 반추하며 고민하지만 해답을 얻을 수 없어 분노하고 절망한다. 아이러니하게도 운명적인 사랑을 판타지라고 비웃고 심각한 관계가 싫다며 톰을 떠난 썸머가 결혼을 하고 임신한 모습으로 나타난다. 썸머는 너랑 만났을 때 몰랐던 걸 다른 남자를 만나서 문득 깨달았다고 말한다.

〈500일의 썸머〉 - 톰과 썸머의 행복한 한 때

톰은 여전히 썸머를 이해하지 못하지만 질문을 멈춘다. 실연당한 이들은 자신의 잘못을 궁리하고 상대의 마음을 추론하는 끔찍한 시간을 보낸 뒤 질문 자체가 부질없다는 걸 깨달으면서 비로소 실연을 극복하게 된다. 제짝이 아니었다는 단순한 대답 말고 무엇이 있겠는가. 썸머에게 톰은 장악하기 쉬운 편안한 남자친구 이상은 아니었던 것이다.

▷ 실연을 극복하고 꿈을 향해 한 발 내딛다

〈500일의 썸머〉라는 제목은 오해를 불러일으킨다. 썸머라는 단어는 보통 계절을 떠올리게 만들지만 사실 '썸머'는 여성의 이름이다. 그런데 영화의 끝에 썸머라는 단어가 한 여성의 이름인 고유명사가 아니라 지나간 사랑을 지칭하는 일반명사의 위치로 바뀌면서 여름이라는 계절의 상징이 중첩되는 흥미로운 현상이 발생한다. 여름이 그렇듯 '썸머'라는 이름으로 다가와 인생의 한 시절을 뒤흔드는 사랑 역시 언젠가는 지나가고 격정은 가을의 결실로 남게 된다.

톰은 문제가 생길 때마다 늘 상담을 청했던 자신의 10대 여동생과 크게 다르지 않은 소년이었던 것이다. 여동생은 어른스럽게 썸머는 오빠의 반쪽이 아니라고 위로하고 세상에 여자는 많다고 충고하지만 둘은 오십보백보의 자리에 서 있다. 톰은 세월이 약이라는 진리를 경험을 통해 깨닫고 어른이 되면서 그 자리를 벗어나게 된다. 톰과 썸머의 관계는 실질적으로 488일에 끝나는데 영화의 제목은 '500일의 썸머'다. 500일은 톰이 새로운 사랑을 찾은 첫날이자 썸머와의 관계가 완전히 소멸되는 날이다. 톰이 새로 만나게 된 여자의 이름은 '오텀'이다. 어쩌면 그는 오텀과 윈터를 거친 뒤 스프링을 만날 것이다. 그의 사이클이 얼마나 지속될지는 아무도 모른다. 실연의 상처가 아물 무렵 톰은 사표를 던지고 자신의 꿈이었던 건축사의 길에 도전한다.

〈봄날은 간다〉의 상우가 실연의 상처를 극복하고 음향 엔지니어라는 본연의 일로 돌아갔듯이, 〈500일의 썸머〉의 톰도 실연의 상처를 극복하는 마지막 수순으로 자신이 꿈꾸던 일을 향해 첫발을 내딛는 것이다. 그런 의미에서 〈500일의 썸머〉는 사랑과 일이 변증법적으로 지양되는 남성 성장의 공식이 무엇인지 보여주는 영화다.

3
안전하다, 그래서 좋다

- 〈완득이〉

〈완득이〉

코미디, 드라마 | 2011년 |
한국 | 107분 | 12세 관람가

감독 : 이한

엄마가 됐구나, 이게 〈완득이〉(이한, 2011)를 보면서 첫 번째 느낀 점이다. 주인공 도완득의 엄마는 필리핀인이다. 기억을 더듬어 봐도 엄마가 필리핀인이었던 영화는 생각이 나지 않는다. 한국인 아빠와 베트남인 엄마 사이에 태어난 라이따이한하고는 다른 문제다. 가난해서 한국에 시집 온 동남아 여성이 엄마로 등장했다는 것은 우리 사회의 한 단면을 보여주는 지표다. 결혼을 위해 우즈베키스탄으로 날아갔던 노총각(〈나의 결혼원정기〉(황병국, 2005)) 이야기 훨씬 전에 이미 한국에 정착한 외국인 신부들이 있었고 이들이 이젠 청소년기를 맞은 자녀를 둘 나이가 된 것이다.

최근 몇 년 동안 외국인 이주노동자 문제는 한국영화의 주요 소재가 되었다.(〈의형제〉(장훈, 2010), 〈반두비〉(신동일, 2009), 〈방가? 방가!〉(육상효, 2010) 같은 영화들). 동료로서, 친구로서, 이주노동자를 받아들이는 것은 적어도 영화에서는 낯설지 않다. 그러나 엄마는 생소하다. 가치 판단의 문제가 아니라 감정이 그렇다. 〈완득이〉는 다소 낯설고 생소할 수밖에 없는 이 상황을 관객이 받아들이고 나아가 모자 인정 드라마에 눈물 흘리게 만드는 솜씨가 있다.

▷ 원작 소설에 없는 부분은 어떻게 보완되었나

이완과 긴장의 빠른 중첩, 이 영화가 웃음과 감동을 한 덩어리로 묶는 방식이다. 영화 후반에서는 호흡이 다소 느려지지만 중반까지 영화의 속도는 상당히 빠르다. 마치 손이 빠른 권투선수가 연타로 잽을 날리듯 관객의 감정을 연속해서 움직이게 만든다. 완득이가 17년 만에 엄마를 처음 만나는 시퀀스가 대표적이다. 완득은 담임 똥주 선생이 이웃집 여성 무협작가를 훔쳐보는 것을 우연히 목격하고 다음 날 학교에서 선생을 만나자 실실 웃으며 혼잣말을 한다. 그의 혼잣말을 이해하는 관객도 함께 웃지만 그 시간은 길지 않다. 똥주 선생은 완득에게 엄마 소식을 전하고, 굳어지는 완득의 표정처럼 관객의 마음도 무거워진다. 그날 밤, 엄마를 마주칠까 긴장하는 완득은 교회 앞에서 동남아인 여성을 만나고 짧은 순간 정적이 흐른다. 완득도 관객도 불과 2, 3초에 불과하지만 그 여성을 완득의 엄마로 인지하면서 긴장이 조성된 것이다. 이어지는 "내 부인입니다." 라는 인도인 핫산의 대사는 허를 찌르며 웃음을 유발한다. 하지만 이 웃음기가 채 가시기 전 다시 진짜 엄마와 조우하게 만든다. 이런 식으로 이어지는 시퀀스는 완득이 현관문을 사이에 두고 똥주 선생에게 고맙다는 말을 하면서 마무리되는데 몇 차례의 자잘한 긴장과 이완이 큰 감동으로 마무리되는 것이다.

선택과 보완, 이것은 원작을 영화화하는 어떤 경우라도 필요한 전략이겠지만 〈완득이〉의 경우 원작에 충실한 편이기에 자세히 볼 만하다. 사건과 대사를 상당 부분 소설에서 그대로 가져왔다는 사실보다 중요한 것은 원작에 없는 부분을 보완한 면이다. 〈완득이〉는 원작을 충실히 따라가다 결정적인 부분에서 소설보다 직접적인 설명을 덧붙인다. 처음 엄마를 만나는 시퀀스는 거의 소설의 전개를 그대로 따르고 있는데 편집에 의해 웃음과 감동이 증폭된 예이다. 문장 전체가 한눈에 들어오는 문자 텍스트와 달리 영화에서는 필요한 부분을 선택적으로 보여주므로 코미디 효과 창출이 용이하다. 원작에 없는 것을 추가하여 감정을 보다 극단으로 밀고 가는 장면들이 더 큰 비중을 차지한다.

소설에서 보이는 시니컬한 태도를 누그러뜨리면서 구체적인 대사와 상황을 추가하는 방법을 쓴다. 하나의 예로 완득이 엄마에게 구두를 사주는 장면이 있다. 신발 가게 주인이 "저짝 사람" 같은데 둘이 무슨 사이냐고 묻는 것은 소설과 영화가 동일한데 영화에서 완득은 "엄마예요."라는 대사를 마침내 하고 만다. 가슴 찡한 부분이고 관객의 눈물샘을 자극한다. 비슷한 예로, 아버지가 완득을 대견하게 바라보며 "녀석⋯ 다리 긴 것 좀 봐."라는 대사도 소설과 영화에 공통된 것이지만 영화에서는 완득으로 하여금 아버지를 업게 한다. 키 작은 아버지가 다리 긴 아들에게 업혀 그 말을 할 때 더 극적이 된다. 이 두 가지가 대사와 상황 추가에 의한 감동 배가 방식이라면, 보다 직접적인 설명에 의해 웃음을 유발하는 방식도 있다. 똥주 선생을 죽여 달라는 완득의 기도를 활용하는 장면이 거기 해당된다.

관객은 완득의 기도에 폭소를 터뜨린다. 완득의 기도에서 살의보다 어리광을 느끼기 때문에 공감의 폭소를 터뜨리는 것이다. 소설과 영화는 몇 차례 완득의 기도를 되풀이하는데, 영화에서는 똥주 선생을 직접적으로 개입시켜 코미디를 부각시킨다. 완득의 기도 내용을 전혀 모르는 똥주 선생이 "완득아, 기도는 오래오래 정성껏 해야 하는 거야."라고 말하는 클로즈업 숏은 이 영화에서 가장 웃긴 대목이 된다. 기도를 활용한 코미디는 완득이 똥주 선생을 업고 뛰는 장면에서도 연출된다. 소설에서 똥주 선생은 여전히 기도 내용을 모른 채 완득에게 업혀 있지만, 영화에서는 똥주 선생이 드디어 무슨 기도인지 알게 만들어 웃음을 준다.

캐릭터 변경과 강화, 캐릭터 단순화가 영화적 통일성을 위해 필연적인 것이라면 새로운 캐릭터 창조는 주제를 명료화하여 상업적인 영화로서 정체성을 공고히 하는 장치다. 완득 주변인물 중 여자친구 정윤하와 킥복싱 체육관 관장은 소설 속 캐릭터를 단순화한 경우다. 반에서 1등하는 윤하와 완득이 사귀는 과정이 소설과 달리 영화에서는 수월하게 진행된다. 윤하는 쉽게 완득에게 마음을 열고 완득의 고백도 빠르다. 소설에서 둘의 관계를 방해하는 장애로 윤하 엄마를 등장시키지만 영화에서는 아예 빠져 있다. 체육관 관장 캐릭터 역시 영화에서는 단순화되어 완득을 이끄는 스승으로서의 역할에 집중된다. 윤하와 체육관 관장은 영화적 집중을 위해 캐릭터가 단순화된 경우지만 인도인 핫산은 완전 다른 인물로 그려진다. 소설에서는 알고 보니 핫산이 고용주의 스파이였다는 사실이 폭로되나 이 부분은 영화에서 삭제했다. 외국인 노동자를 친화적인 시선으로 바라보자는 메시지를 전달하는 영화에서 아마도 이 부분은 소설대로 다루기 부담스러웠을 것이다. 영화는 이처럼 장애인, 빈

곤충, 외국인 노동자 등과 같은 소외계층을 바라보는 확고하고 일관된 주제의식을 갖고 있다.

〈완득이〉 - 세상의 사각지대에서 성장하는 완득이

선하고 긍정적인 이런 태도는 우리가 지향해야 할 가치지만 〈완득이〉의 한계이기도 하다. 완득이가 엄마를 인정하는 과정이 그렇다. 엄마를 만나기 전 부정적인 반응을 보이긴 하지만 완득은 만나자마자 엄마를 받아들인다. 일단 만나고 난 뒤에는 회의가 없다. 문제아라는 애초의 설정과 달리 완득이는 너무 착하고 따뜻한 아이다. 부잣집에서 자랐지만 가난하고 힘없는 사람 편에 서 있는 똥주 선생 역시 그런 면에서 같은 부류다.

▷ 완득과 똥주 선생, 서로 가르치고 배우고

완득과 똥주 선생, 이 둘을 동궤에 놓는 관점은 영화에서 시각적으로 드러난다. '자습'이라 써놓고 교탁에 엎드려 자는 똥주 선생과 한 프레임 안에서 완득은 책상에 엎드려 자고 있다. 소설에는 없는 무협작가를 등장시키는 이유는 멜로 라인 추가를 통한 재미를 주기 위해서인데 결과적으로 완득과 똥주 선생을 하나로 묶어주는 역할을 한다. 완득과 윤하의 연애와 병행하여 똥주 선생과 무협작가의 로맨스가 펼쳐진다. 심지어 영화에서 똥주 선생은 완득에게 연애 비법을 배우기도 한다. 링 밖에서 링 안으로 들어가려는 아이 완득과 링 안에서 살아오다 링 밖으로 나온 선생 똥주는 닮은꼴이다. 둘은 반항적이고 거칠어 보이지만 링을 무시하는 인물들은 아니다. 궁극적으로 〈완득이〉는 링의 경계를 사유하지만 링을 존중하는 상업영화로서의 정체성에 충실하다. 〈완득이〉의 미덕은 관객으로 하여금 링을 흔드는 파격에서 오는 쾌감을 맛보게 한 뒤 링의 진동이 잦아들 무렵 안전하게 링 안으로 들어오게 인도하는 상업영화의 규칙에 충실하다는 것이다.

4
21세기의 뭍으로 올라온 인어공주

- 〈나는, 인어공주〉

〈나는, 인어공주〉

코미디, 드라마, 판타지 | 2008년 |
러시아 | 118분 | 청소년 관람불가

감독 : 안나 멜리키안

19세기 안데르센의 동화『인어공주』가 21세기 버전으로 새롭게 리모델링되었다. 러시아의 여성감독 안나 멜리키안은 용궁의 인어 대신 모스크바의 소녀 이야기로 설정을 대폭 바꾸었다. 디즈니 애니메이션 〈인어공주〉(론 클레멘츠 · 존 머스커, 1989)가 원작의 단순한 변형이라면, 멜리키안 감독의 〈나는, 인어공주〉(2007)는 원작의 상징들을 차용한 창안이라 할 수 있다. 외양적으로는 디즈니의 〈인어공주〉가 안데르센의 동화와 더 가까워 보이지만, 내적 원리로 보면 〈나는, 인어공주〉가 원작의 의미를 훨씬 풍부하게 살려낸 작품이다. 멜리키안 감독은 데뷔작 〈마르스(Mars)〉(2004)에 이은 두 번째 작품 〈나는, 인어공주〉로 선댄스 영화제 감독상과 베를린 영화제 심사위원 특별상을 수상하여 세계적인 주목을 받고 있다. 〈나는, 인어공주〉는 동화의 모티브를 활용하는 방식에 대한 훌륭한 사례로 남을 만한 영화다.

일반적으로 동화 속 공주들은 초년고생을 좀 하더라도 우여곡절 끝에 왕자를 만나 행복하게 잘 산다. 그러나 안데르센의『인어공주』는 해피엔드가 아니다. 인어공주는 왕자와 결혼하지 못하고 바다에 빠져 물거품이 되어버린다. 그런데 어찌 된 일인지 많은 사람들이 『인어공주』의 결말을 아리송하게 기억하고 있다. 아마도 그것은 공주가 등장하는 대부분의 동화가 행복한 결말로 마무리되는데다, 1989년 디즈니 애니메이션 〈인어공주〉의 결말이 해피엔드였기 때문일 것이다. 예쁜 화면에 흥겨운 음악이 넘실대는 애니메이션의 결말이 비극이라면 아이들이나 오랜만에 동심을 느끼려던 부모들이 찜찜한 기분으로 극장 문을 나설 테니 디즈니의 선택도 이해할 순 있다. 하지만 손쉬운 위안 대신 상당히 많은 상징적인 의미가 증발되는 부작용도 뒤따랐다. 용감하고 소신 있는 인어공주를 결혼과 가부장제도 안에 서둘러 밀어 넣는 결말은 인어공주를 정체성을 상실한 '귀여운 여인'으로 만들어버렸다.

결과적으로, 결말에 대한 혼동은 안데르센의 『인어공주』와 디즈니의 〈인어공주〉가 적당히 혼합된 내용을 기억하는 데서 비롯된다. 안데르센 원작의 결말은 기독교적인 세계관이 가미된 비극이다. 인어공주는 다시 인어로 돌아갈 수 있는 마지막 기회를 스스로 포기한다. 사랑하는 왕자의 가슴에 차마 칼을 꽂을 수 없었기 때문이다. 〈나는, 인어공주〉에서 멜리키안 감독은 안데르센도 아닌, 디즈니도 아닌 자신의 길을 찾는다. 일견 안데르센의 동화를 충실하게 현대

적으로 번안한 결말로 보이지만 의미를 부여하는 방식은 확연히 다
르다.

▷ 알리사의 기원을 알려주는 탄생 설화

인어공주와 별 관련이 없어 보이는 알리사의 탄생 설화는 그녀가
물속에 기원을 두고 있다는 점을 알려준다. 알리사는 본래 엄마 뱃
속에 있던 물고기였는데 아빠가 나타난 덕에 인간으로 태어났다.
물론 이 이야기는 미혼모인 엄마가 각색한 것이다. 이 부분을 보여
주는 첫 시퀀스는 비너스 포즈를 취하고 해변에 등장하는 알리사 엄
마의 처녀 적 모습 같은 재치 넘치는 화면으로 구성되었다. 캐나다
영화 〈레올로〉(장 클로드 로종, 1992) 이후 가장 유쾌하고 인상적인 출
생 스토리다. 홀아버지 밑에서 자라는 인어공주와 달리, 알리사는
홀어머니와 살고 있고 형제자매는 없다. 할머니들의 성격도 다르
다. 인어공주의 할머니는 손녀에게 죽음과 영혼의 문제에 대해 알
려주는 멘토 역할을 하지만, 알리사의 할머니는 별 말이 없다. 하지
만 영화 뒷부분에 알리사가 할머니 이름을 팔아 사샤를 위험에서 구

하므로 중요한 역할이 있는 셈이다.

〈나는, 인어공주〉는 할머니, 엄마, 알리사로 이어지는 모성계보를 구성하여 디즈니판 〈인어공주〉의 가부장적 질서를 비틀고 있다. 신분이 달라졌으니 인어공주와 알리사의 일과도 다를 수밖에 없다. 인어공주는 하루 종일 바다 속을 헤엄치며 언니들과 노는 게 일이지만 가난한 알리사는 다양한 아르바이트를 한다. 화장실 청소, 편지 봉투 붙이기 등 갖은 일을 전전한 끝에 알리사는 가장 적성에 맞는 아르바이트를 찾는다. 그것은 샛노란 휴대전화나 거품이 흘러넘치는 생맥주잔 모양의 광고용 특수 의상을 입고 모스크바 거리를 활보하는 일이다. 알리사는 말없이 사람들을 관찰할 수 있어 이 일을 가장 좋아한다.

인어공주는 백설공주, 신데렐라, 잠자는 숲속의 미녀 등 다른 공주들과 성격이 다르다. 왕자가 올 때까지 잠만 자고 있거나, 독이 든 사과를 분별력 없이 받아먹는 그런 온실형 공주가 아니라 스스로 왕자를 찾아나서는 적극적이고 능동적인 인물이다. 그러나 물속에 사는 인어공주와 뭍에 사는 왕자는 서로 가까이 할 수 없는 운명이다.

그래서 왕자가 사는 땅으로 가기로 결심한 인어공주는 바다 마녀 우르술라를 찾아간다. 우르술라는 인어공주가 다리를 얻을 수 있는 묘약을 제조해주고 대신 인어공주의 아름다운 목소리를 가져간다. 원작에서는 큰 비중을 차지했던 우르술라가 〈나는, 인어공주〉에는 등장하지 않는다. 다리와 목소리를 교환하는 서사 구조에서 우르술라는 없어서는 안 될 인물이지만 이미 다리를 가진 알리사가 등장하는 영화에서는 불필요하다. 하지만 우르술라의 마법이라는 모티브는 알리사가 갖고 있는 초능력으로 응용되고, 목소리 상실의 모티브는 거래의 대가가 아닌 알리사의 선택 행위로 바뀐다. 6살 때 엄마가 다른 남자와 동침하는 것을 보고 충격을 받은 알리사는 영원히 말을 하지 않기로 결심한다. 그 덕분에 알리사는 장애아들이 다니는 특수학교에 다녀야 했다. 17살이 된 알리사는 특수학교 뒤뜰에 심어진 사과나무 앞에서 문득 자신의 초능력을 발견한다. 그녀가 간절히 원하는 일은 이루어지는 초능력은 사샤를 위해 사용할 때 진가를 발휘한다. 알리사는 18살이 되는 날 운명적으로 사샤를 만나고 다시 말을 하기 시작한다. 『인어공주』에서는 왕자를 만나기 위해 목소리를 잃어버리지만, 〈나는, 인어공주〉에서는 사랑을 위해 말을 되찾는 걸로 전도된다.

『인어공주』는 소녀가 여인이 되는 한편의 성장 이야기이기도 하다. 물고기 하체가 다리로 바뀌는 것을 소녀에서 막 여인이 되는 과정으로 해석할 수도 있다. 처음 다리를 얻은 인어공주가 발을 땅에 내디딜 때 칼날 위를 걷는 것 같다고 묘사된 부분에서 성적인 상징을 읽을 수 있다. 〈나는, 인어공주〉에서도 알리사가 성적 혼돈을 겪는 모습이 그려지지만, 알리사와 사샤의 관계는 성적인 것보다 유희적인 속성이 강하다. 결혼이 최고 당면 과제인 왕자와 인어공주에게 성적인 문제는 본질적이지만, 외로운 알리사와 사샤는 친구가 되는 것이 먼저이다. 그래서 둘은 파인애플을 훔쳐 먹고 시체놀이를 하며 즐거워한다.

〈나는, 인어공주〉 새롭게 해석된 인어공주 알리사

▷ 감독 고유의 해석력이 돋보이는 마지막 환영 장면

인어공주가 사랑한 왕자는 결혼 문제 말고는 근심걱정이 없는 잘생긴 청년이다. 아름다운 인어공주의 미모에 반하지만 결국 이웃나라 공주와 혼인하는 그는, 생각하기에 따라서 사람 볼 줄 모르는 인물일 수도 있고 미모보다는 대화를 나눌 수 있는 여자를 선택하는 현명한 남자일 수도 있다. 아마 그는 인어공주의 불행을 모른 채 백년해로했는지도 모른다.

〈나는, 인어공주〉의 사샤도 잘생기고 돈 많고 여자들에게 인기 있다는 면에서는 왕자와 같은 급이다. 그러나 결정적으로, 전제군주 시대의 왕자는 노동을 할 필요가 없지만 자본주의 시대를 사는 사샤는 돈을 벌어야 한다. 달에 있는 땅을 분양하는 사업을 하는 사샤는 정확히 말하면 사기꾼이지만 그의 논리가 무척 설득력 있다. 사샤는 알리사에게 달을 파는 것과 지구의 땅덩어리를 사고파는 행위는 다를 바가 없다고 항변하면서 어차피 발 빠른 놈이 임자라고 주장한다. 왕자가 인어공주를 알아보지 못하듯 사샤도 번번이 알리사를 알아보지 못한다. 초호화판 저택에 살면서 매일 파티를 하는 사샤는 우울증에 시달리는 알코올중독자다. 그래서 사샤는 저녁에 만난 알리사를 아침이면 까맣게 잊는 것이다. 사샤의 아침은 어항이나 쓰레기통에 던져진 휴대전화를 주워들고 커피머신에서 갓 뽑은 커피를 마시며 전날 밤의 흔적인 안주를 집어먹는 일로 시작된다.

비록 우울증에 알코올 중독이지만 사샤는 상당히 수완 좋은 사업가이기도 하다. 고객의 취향을 재빨리 파악해 타이슨 옆집을 추천할지 러셀 크로와 이웃하길 권할지 명민하게 대처한다. 고객이 계약을 망설이면 땅속 광물을 덤으로 끼워주는 임기응변 능력도 뛰어나다. 문제적인 현대판 왕자 사샤는 알리사가 제안한 놀이에 순수하게 빠져드는 로맨티스트의 면모도 지녔다. 그러면서 한편으론 밤이면 술에 취해 자살을 시도하는 그의 모습은 고독한 현대인의 전형이다. 캐릭터는 판이하지만, 에릭 왕자와 사샤는 인어공주와 알리사의 사랑과 희생이 있어야 생명을 건질 수 있는 공통점을 갖는다.

〈나는, 인어공주〉의 독창성이 가장 빛나는 부분은 알리사의 환영 장면들이다. 환영에서 알리사는 노란 모래사장, 파란 바다, 보랏빛 하늘로 구성된 공간에 있다. 그곳에서 알리사는 발레리나 옷을 입고 있는 어린 시절 자신과 현실에서는 한 번도 볼 수 없었던 아버지를 만날 수 있다. 즉, 알리사가 소망하는 세상이 그곳에 있다. 〈나는, 인어공주〉에서 가장 인상적인 환영은 끝 장면에 등장한다. 이 부분은 『인어공주』에 대한 멜리키안 감독 고유의 해석이 함축되어 있다. 안데르센은 물거품이 된 인어공주에게 기독교적 구원의 길을 열어주며 동화를 마무리한다. 비록 물거품이 되었지만 착한 일을 하면 영혼을 얻을 수 있다는 것이다. 현세의 육체보다 영혼의 문제에 천착하는 안데르센의 기독교적 세계관은 후기로 갈수록 더 강해진다. 후기작 『빨간 구두』에서는 세속적, 성적 욕망을 상징하는 빨간 구두에 대한 애착을 버리지 못하는 카렌의 발목을 자르는 가혹한 형벌을 내린 뒤에야 그녀의 영혼을 하늘나라로 데려간다. 아이들은 동화를 통해 원형적, 무의식적 공포를 극복하거나 순응하는 방법을 배워나간다. 하지만 세월과 함께 무의식의 세계도 변해간다.

그런 의미에서 멜리키안 감독의 〈나는, 인어공주〉는 어른들의 원형적 무의식을 교정해줄 21세기 동화다. 〈나는, 인어공주〉는 안데르센의 자기희생적인 종교적 교훈을 제거한 자리에 자기 결정적이며 자기성찰적인 환영을 채워놓았다.

5
살며, 실패하며, 배우며

- 〈언 애듀케이션〉

〈언 애듀케이션〉

로맨스, 드라마 | 2010년 |
영국 | 95분 | 15세 관람가

감독 : 론 쉐르픽

〈언 애듀케이션(An Education)〉(론 쉐르픽, 2009)은 빅토리아 시대를 배경으로 한 샬롯 브론테의 소설 『제인 에어』를 레퍼런스로 만들어진 영화다. '부유한 연상의 남자와 사랑에 빠지는 연하의 여자'라는 설정은 두 작품의 공통점이다. 사랑의 열정을 두려워하지 않고 행동으로 옮기는 여주인공의 성격도 비슷하다. 시대가 다른 만큼 차이가 있지만 심층에서 영화가 소설을 변주하고 있다는 걸 알 수 있다. '제인'과 '제니'라는 이름이 환기하는 차이만큼 간극을 두고 두 작품은 마주보고 있다. 가장 큰 차이는 결말이다.

『제인 에어』가 현실에서 출발해 낭만적 사랑으로 매듭지어졌다면, 〈언 애듀케이션〉은 낭만적 사랑의 허울이 벗겨지고 현실이 드러나는 결말을 보여준다. 고용주와 가정교사라는 계약 관계로 만난 제인과 로체스터는 온갖 역경을 딛고 낭만적 사랑을 완성하지만, 우연한 만남으로 낭만적 사랑의 첫 단추를 채운 제니는 배신감과 씁쓸한 현실을 직면하며 첫사랑의 막을 내린다.

실연과 성장이라는 친숙한 주제에다 예상에서 거의 빗나가지 않는 스토리에도 불구하고 〈언 애듀케이션〉이 진부함에서 비껴갈 수 있었던 이유는 『제인 에어』를 비롯해 무수한 지적 레퍼런스들이 영화의 서사적 단조로움을 메워주고 있기 때문이다. '교양'이라는 단어로 압축할 수 있는 이런 레퍼런스들은 단지 소재 차원으로 소비되는 게 아니라 영화 전체 서사와 조응하며 중심 스토리의 빈곤을 상쇄시키는 역할을 한다. '교양'이라는 단어와 함께 이 영화의 또 다른 키워드는 제목에 드러난 '교육'이다. 영화에서 '교양'은 사건의 매개체로 활용되고 '교육'은 주제에 대해 질문을 던진다.

"로체스터가 눈이 멀었다."

1950년대의 고리타분한 공기가 아직까지 대기를 덮고 있던 1961년 런던 시내 외곽, 옥스퍼드 진학이 목표인 모범생 제니는 첼로 연습을 마치고 퍼붓는 비를 맞으며 집으로 걸어가고 있다. 그때 럭셔리한 브리스톨 자동차가 제니 옆으로 다가오고 창문이 내려간다. 선한 인상에 잘생긴 아저씨는 '음악 애호가'로서 첼로가 비에 젖는 것이 걱정되니 첼로만이라도 차에 실을 것을 제안한다. 치한으로 몰리는 위험과 첼로 도둑이라는 오해를 감수하고 한 제안임을 설명하는 그의 언변에는 유머러스함과 세심함이 적절히 조화를 이루고 있었다. 일찌감치 그에 대한 경계를 풀어버린 제니는 첼로를 실은 지 얼마 되지 않아 자신도 차에 오른다. 제니와 데이빗의 연애를 이끄는 원동력은 '교양'이다. 클래식 음악부터 재즈, 문학, 샹송, 회화에 대한 풍부한 교양은 둘에게 화제를 제공하고 교감을 이끌어낸다. 둘이 함께 있을 때 교양은 사랑의 메신저 역할을 하지만 각자에게 교양의 의미는 다르다. 줄리엣 그레코, 사르트르, 카뮈 등 프랑스적 교양은 제니의 낭만적 동경의 현실 등가물이라 할 수 있고, 번 존스를 비롯한 라파엘 전파(前派)의 회화나 C. S. 루이스의 책 등 영국적 교양은 영화의 플롯을 진행시키는 구체적인 사물로 기능하고 있다. 우등생이지만 지루한 현실에 반항심을 갖고 있는 제니는 『이방인』을 읽고, '파리의 지붕 밑(Sous Les Toits De Paris)'을 들으며 정체불명의 감상을 해소하곤 한다. 소녀다운 낭만적 감상으로 데이빗에게 빠져든 제니는 여고생답지 않은 교양을 갖추고 있어 데이빗과 그의 친구를 매료시킨다. 현실과 결부되지 않은 지식 차원으로 존재하는 제니의 교양과 달리 데이빗에게 교양은 돈을 버는 현실적 수단이다. 제대로 평가되지 않은 예술품을 경매로 사들이거나, 순박한 사람들이 소장한 골동품을 헐값에 사들이는 것이 데이빗과 친구의 재테크 방식이다. 교양이 이를 위한 필수 전제임은 당연하다. 백인

거주 지역의 집을 사들여 흑인에게 세를 주면서 데이빗은 인도주의
자로서의 교양을 들먹이지만 실상은 백인들이 싼값에 집을 팔고 떠
나길 유도하는 사업 전략이다.

〈언 애듀케이션〉 - 교양으로 치장한 위선적 중산층

  제니와 데이빗의 연애의 종말은 참담하다. 결혼을 위해 대학 진
학도 포기하고, 학교도 자퇴한 제니는 데이빗이 유부남이라는 사실
을 알게 된다. 데이빗의 실체는 부유한 친구 옆에 기생하며 교양을
파는 상습적 바람둥이인 것이다. "로체스터가 눈이 멀었다."는 것은
〈언 애듀케이션〉과 『제인 에어』의 친연성과 변별성을 동시에 설명하
는 중요한 부분이다. 특히 전혀 다른 결말을 암시한다. 유부남이었

던 로체스터와 제인은 법적, 도덕적으로 결합이 불가능했다. 그러나 미친 아내를 구하기 위해 실명한 로체스터는 법적, 도덕적으로 제인과 결합할 수 있는 신분으로 바뀐다. 실명은 불행이지만 사랑의 장애를 극복하는 계기로써 해피엔딩을 마련한다. 즉, 실명은 자신의 허물을 구속(救贖)하는 방식이다.

〈언 애듀케이션〉에는 그런 반전이 없다. 데이빗은 유부남이면서 소녀를 유혹한 파렴치한 남자라는 꼬리표를 떼지 못한다. 데이빗은 악한인가. 영화에서 데이빗은 자신의 허물을 구속할 기회를 한 번 얻는다. 데이빗의 정체를 알게 된 제니가 자신의 부모에게 직접 잘못을 고백하라고 종용한다. 고백은 반성과는 달리 상징 언어로 자신의 체험을 표현하는 것이다. 제니와 그녀의 부모에게 데이빗이 할 수 있는 속죄의 방식은 고백이 유일하다. 하지만 데이빗은 고백의 자리에서 도망친다. 고백을 하게 되면 데이빗은 그동안 스스로를 유지해왔던 자기 동일성을 무너뜨리게 된다. 아마도 데이빗은 바람을 피워오는 동안 죄책감에서 벗어나기 위해 자기 합리화를 해왔을 것이고 교양을 이용한 돈벌이에도 그럴듯한 변명을 마련해 두었을 것이다. 데이빗은 고백으로 인한 자기 소외를 견딜힘도 없고,

그럴 의지도 없기 때문에 현실을 회피하는 것으로 곤경을 모면하며 사는 유형의 사람이다. 반대로 제니는 데이빗의 정체와 초라한 현실을 깨닫고 현실과 당면하려는 태도를 보여준다.

▷ 'An Education'에서 'An'이 의미하는 바

실연은 제니라는 소녀의 순수한 정체성에 흠집을 냈다. 그러나 제니의 흠집은 데이빗의 허물과는 다르다. 제니의 흠집은 자초한 면이 있지만 외부에서 기인한 불행이다. 제니가 이 불행과 고난을 극복하는 단계에 비로소 본격적으로 '교육'이라는 주제가 개입된다. 여기서 교육은 단지 학교라는 제도권에서 이루어지는 절차와 결과를 말하는 것은 아니다. 일차원적으로 보면, 하라는 공부 제때 안 하고 한눈팔면 인생 곤두박질칠 수 있으니 조심하라는 게 이 영화의 교훈처럼 생각된다. 이 말도 틀리지는 않지만 그렇다고 이게 정답도 아니다. 제니는 데이빗의 아내를 만난 뒤 미련을 확실히 끊어내고 엉클어진 인생의 갈피를 추스르기 시작한다. 교장과 문학 선생님을 찾아가서 복학할 방도를 찾고 다시 학업에 열중하여 이듬해 본래의 목표였던 옥스퍼드에 진학한다. 원래 우등생이던 제니였으니까, 우수한 제자를 아끼는 선생님의 배려가 있었으니까 가능한 일이다. 이 두 가지 조건이 갖춰지지 않았다면 불가능했을 수 있다.

영화의 제목을 '어떤(하나의) 교육' 정도로 해석한다면, 제니가 겪은 모든 일은 결과적으로 그녀를 교육시켰다는 것으로 제목의 의미를 유추할 수 있다. 고급 레스토랑과 우아한 음악회, 멋진 주말여행에 취한 제니는 위험을 경고하는 교장에게 "왜 교육이 필요한 거죠?"라고 당돌한 질문을 던진다. 데이빗에 대한 사랑과 빨리 눈뜬 어른의 세계에 흠뻑 빠져 있던 제니는 "교육은 의미"라는 교장의 말이 귀에 들어오지 않는다. 이때 제니는 세상의 겉모습만을 보고 있다. 제니에게 옥스퍼드는 안경 낀 못생긴 여학생들이나 다니는 답답한 곳이고, 데이빗이 펼쳐 보여준 세상은 낭만과 자유가 넘실대는 신세계였던 것이다. 세상은 겉모습만으로 구성된 것이 아니라는 진실을 깨달은 제니는 자기 발로 옥스퍼드라는 교육 현장으로 돌아간다. 학교 밖 교육을 통해 교육의 의미를 깨닫고 학교 안 교육을 자발적으로 선택한 것이다. 제니의 경험은 '하나의'(an) 예일 수밖에 없다.

제5부

세상과
맞서는
인물들

1
호메로스의 영웅처럼 숭고한

- 〈더 레슬러〉

〈더 레슬러〉

액션, 드라마 | 2009년 |
미국 | 109분 | 청소년 관람불가

감독 : 대런 아로노프스키

이 영화의 마지막 장면을 보면서 〈분노의 주먹〉(마틴 스콜세지, 1980)의 첫 장면을 떠올렸다. 사각의 링에서 챔피언 벨트를 거머쥐었다가 추락의 길을 걷는다는 점에서 두 영화의 주인공은 유사한 인물이지만 자신의 몰락에 대처하는 방식은 정반대라고 할 수 있다.

〈더 레슬러〉(대런 아로노프스키, 2008)는 퇴물 레슬러 랜디 램이 자신의 트레이드마크인 '램 잼'을 하기 위해 로프 위로 올라가 링 바닥을 향해 몸을 날려 공중에 뜬 순간 화면이 정지되고 끝난다. 이 마지막 장면이 낙하를 통한 비상의 순간을 포착한다면, 〈분노의 주먹〉의 첫 장면은 완만한 곡선을 그리며 하락하는 삶의 한 국면을 도려낸다. 마틴 스콜세지는 복싱계를 은퇴한 중년의 제이크 라모타가 클럽 분장실에서 스탠딩 코미디를 연습하는 장면에서 영화를 시작한다. 제이크는 자신의 전성기를 소재로 한 이야기를 늘어놓은 다음 "그것이 엔터테인먼트다."라는 말로 마무리한다.

이들의 상반된 태도를 이해할 수 있는 핵심에 '엔터테인먼트'라는 단어가 있다. 모두가 '쇼'라고 생각하고 실제로 시합의 얼개를 미리 짜놓는 레슬링을 하면서도 랜디는 그것을 엔터테인먼트라고 생각하지 않는 반면, 제이크는 복싱뿐 아니라 삶 전체를 엔터테인먼트로 파악한다. 몰락한 자신의 삶을 스스로 구원하는 퇴물 레슬러의 숭고한 마지막 선택을 보여주는 〈더 레슬러〉와 오만하고 폭력적인 복서 제이크 라모타의 삶이 어떻게 망가져갔는지를 되짚어보는 〈분노의 주먹〉의 간극은 크다. 그러나 랜디와 제이크는 과거의 영광을 재현하려는 인간 승리형 인물은 아니다. 가령, 엔터테인먼트라는 단어가 개입할 여지가 없는 〈록키 발보아〉(실베스터 스텔론, 2006)와는 가는 길이 다르다.

▷ 실패와 거절 속에 외로운 사람들

〈더 레슬러〉는 마치 고대 그리스 비극처럼 정해진 운명을 향해 서사를 진전시킨다. 그 운명은 죽음의 선택이고, 그 죽음의 의미는 링 안의 삶이 진실했다는 신념을 증명하는 것이다. 랜디는 죽음을 피하기 위해 몇 차례 노력하지만 결국 운명을 거스르지는 못한다. 여기에 비하면 제이크의 삶은 영화가 발명되기 전 근대소설이 발견해 낸 세계와 일치한다. 길을 인도할 밤하늘의 별을 상실한 고독한 개인이 출구 없는 미로 같은 삶을 꾸역꾸역 살아내는 모습을 보여주는 게 근대의 장르인 소설이다. 근대 이후 개인은 어떤 의미도 미션도 선험적으로 주어지지 않은 해답 없는 삶을 살고 있다.

왕년의 챔피언 제이크 라모타는 온 세상을 그의 링으로 여기고 또 한판의 엔터테인먼트를 벌인다. 그러나 랜디에게 링과 링 밖의 세상은 전혀 다른 곳이며 그가 진정으로 귀속되고 싶어 하는 세상은 링이다. 영화에 여러 차례 등장하는, 랜디가 로빈 람진스키라는 본명을 한사코 거부하며 랜디로 불러달라고 말하는 장면은 그가 원하는 정체성이 무엇인지 알려준다. 로빈으로서 그는 실패한 가장이자 외로운 중년 남자일 뿐이지만 랜디로서 그는 찬란했던 과거를 간직한 명예로운 레슬러이다.

그럼에도 랜디는 레슬링 링에서 내려와 세상이라는 링으로 들어가고자 시도한다. 랜디를 세상의 링으로 불러낸 인물은 스트립 댄서 캐시디와 그의 딸이다. 다시 가족을 구성하고 가장이 될 희망에 부푼 그는 랜디가 아닌 로빈으로 삶의 모드를 전환한다. 랜디가 로빈이라는 이름표를 붙이고 대형마트의 샐러드 바 코너로 들어갈 때 화면 구성은 그가 레슬링을 하기 위해 장내로 입장할 때 모습과 흡사하다. 투명 비닐로 된 휘장을 가르고 샐러드 바로 들어가는 랜디의 뒷모습에서 세상과 결전을 벌이겠다는 레슬러의 의욕이 느껴진다. 이 장면은 마지막 시합에서 랜디가 붉은색 천으로 된 휘장을 걸고 걸어 나오는 앞모습과 정확히 조응된다. 그러나 짧았던 희망의 시간은 허망하게 끝이 난다. 자신을 좋아한다고 믿었던 캐시디는 그저 댄서와 고객의 관계였을 뿐이라고 선을 그어 랜디의 가슴에 상처를 낸다.

〈더 레슬러〉 – 추락한 영웅의 마지막 결전

랜디와 캐시디는 두 개의 정체성을 오가는 쌍생아 같은 존재다. 캐시디 역시 랜디처럼 두 개의 이름을 갖고 있다. 클럽에서 춤을 출 때는 캐시디지만 아홉 살 배기 아들의 엄마로서 그녀는 팸이다. 캐시디는 랜디가 손님 이상의 의미가 있는지 쉽게 판단하지 못한다. 거래에 의한 관계가 주는 피곤함과 얄팍함에 지친 캐시디는 대가없이 랜디에게 호의를 베풀지만 곧 후회한다. 캐시디가 충동적으로 랜디와 데이트 약속을 하기 전, 그녀는 클럽 안 모든 남자들에게 거부당한다. 캐시디의 시점숏으로 잡은 카메라가 클럽 안 남자들의 모습을 훑는 화면에서 그녀가 얼마나 그들에게 넌더리를 내는지 느껴진다. 심장수술을 받고도 위로받을 사람 하나 없는 랜디나 아이 엄마라는 사실을 숨기고 남자들에게 호객 행위를 해야 하는 캐시디나 똑같이 외로운 사람들이다.

▷ 굴욕적인, 더 굴욕적인, 가장 굴욕적인

랜디에게는 아름다움은 없지만 숭고함은 있다. 칸트의 구분에 따르면 비극은 숭고함을, 희극은 아름다움의 감정을 발생시킨다. 숭고함은 상상적 표상을 넘어선다. 숭고함은 두려움이나 우울함, 경솔함, 방종 같은 어두운 감정까지 껴안을 수 있다. 랜디의 삶은 온갖 인간적인 실패의 흔적들로 얼룩져 있다. 가족을 방기한 방만하고 무절제한 젊은 랜디나 향수와 회한에 젖은 나이 든 랜디의 삶은 그늘져 있다. 마약에 취해 낯선 여자 집에서 자느라 딸과의 저녁 약속에 늦고, 샐러드 바에서 고기 써는 기계를 주먹으로 내리치거나, 애정 고백을 거절당하자 돈으로 캐시디를 모욕하는 랜디를 보며 아름다움이라는 감정을 느끼긴 어렵다.

그러나 생애 마지막 '램 잼'을 위해 심장이 터져나가는 것을 알면서도 링으로 몸을 날릴 때 그의 모습은 숭고하다. 칸트는 엄청난 굴욕 뒤에 복수를 하는 호메로스의 영웅은 숭고하고, 우스꽝스러움은 숭고함을 추락시키는 가장 큰 요인이라 말한다. 랜디는 관객을 만족시키기 위해 스스로 이마를 째고 기꺼이 몸에 철심을 박지만 그에게 이것은 우스꽝스러운 게 아니다. 그가 우스꽝스러워지는 건 샐러드를 덜어내면 더 담으라고 하고 더 담으면 다시 덜어내라고 하는 손님의 비위를 맞출 때지만 이것도 견딜 만하다. 그가 더 우스꽝스러워지는 건 로빈 명찰을 단 자신을 보고 챔피언 랜디를 기억해내는 사람과 맞닥뜨린 순간이다. 하지만 가장 우스꽝스러워지는 건 휑한 팬 사인회장에서 장애인이 된 동료들을 바라볼 때다. 랜디는 이 모든 굴욕에 복수하기 위해 링으로 돌아간다.

영화에는 세 번의 '램 잼'이 등장한다. 첫 번째는 1989년 그의 인생에서 가장 영광스러운 현장을 중계하는 아나운서의 목소리만 들리고, 두 번째는 과거의 순간을 재현해주길 환호하는 관객을 위해 초라한 동네 링에서 램 잼을 전시하는 것이고, 세 번째는 비루한 일상의 바다에서 인간의 존엄성을 길어 올리는 의식으로의 램 잼이다.

그가 링에서 짓누를 마지막 상대는 '중동의 짐승' 아야톨라가 아니라 그를 모욕하는 이 세상이다. 모두가 엔터테인먼트의 세계로 생각하는 링을 자신의 숭고함을 증명하는 '내 세상'으로 바꿔버린 비극적 영웅 랜디 램은 링이 아니라 이 세상이 거대한 엔터테인먼트의 장이라는 걸 보여준다. 질문만 존재하는 세상에서 운명적 해답을 선택하는 랜디는 근대적 인물이라기보다 고전적 영웅에 가까운 존재다.

2
그는 정글로 돌아간다

- 〈조용한 혼돈〉

〈조용한 혼돈〉

멜로 · 로맨스, 드라마 | 2009년 |
이탈리아 | 111분 | 청소년 관람불가

감독 : 안토니오 루이지 그리말디

만일 내가 다른 여자를 구하고 있던 바로 그 시간에 내 아내가 죽는다면? 〈조용한 혼돈〉(안토니오 루이지 그리말디, 2008)은 이처럼 극단적인 상황을 우리 앞에 던지면서 시작된다. 회사 중역 피에트로는 별장 근처 해변에서 동생과 한가롭게 공놀이를 하던 중 익사 직전의 여자들을 발견하고 구해준다. 피에트로와 동생은 자신들의 목숨이 위태로운 상황에서 여자들을 구조했지만 고맙다는 말은커녕 아무런 관심도 받지 못한다. 동생이 투덜거리는 소리를 들으며 별장으로 돌아온 피에트로는 상상도 못한 상황에 직면한다. 그는 별장 앞마당에 널브러진 아내의 시신과 울고 있는 어린 딸을 발견한다. 시신 주위로 내팽개쳐진 메론 조각들은 이 비극적인 현장에 기이한 현실감을 부여한다.

그의 아내는 메론이 담긴 쟁반을 들고 느닷없이 이층에서 투신한 걸까? 누군가를 구하는 공덕을 쌓았지만 정작 아내 곁을 지키지 못한 남편의 형언할 수 없는 참담함이란 어느 정도일까? 짧은 순간 우리는 이런 질문을 떠올리게 된다. 그러나 이 영화는 이런 질문에 답하지 않는다. 질문을 떠올리게 하되 그 답을 알려주지 않는 영화가 〈조용한 혼돈〉이다. 관객이야말로 영화를 보는 내내 조용한 혼돈에 빠지게 된다. 피에트로와 아내의 관계, 아내의 사인, 아내의 죽음을 맞이한 피에트로의 감정을 모호함으로 남겨둔 것이 이 영화의 역설적인 힘이다. 결국, 관객으로 하여금 이 모호함을 견디면서 피에트로와 함께 혼돈의 중심을 헤쳐 나가도록 만드는 것이 이 영화가 택한 방식이다.

〈조용한 혼돈〉 – 갈 곳 없는 피에트로의 안식처 공원 벤치

영화는 졸지에 아내를 잃은 가장의 눈물겨운 아이 사랑, 이런 걸 보여주는 영화가 아니다. 물론 아이에 대한 부성애가 바탕에 깔려 있지만 어쩌면 이것은 딸아이의 학교 앞이라는 공간을 확보하기 위한 알리바이인지도 모른다. 엄마 잃은 어린 딸이 걱정되어 아이가

등교해서 하교할 때까지 몇 개월간 학교 앞을 지키는 아버지의 이야기라는 표면적인 설정을 주제로 받아들이면 영화는 너무 싱거워진다. 모호함이라는 틀로 이 남자의 내면을 다르게 읽어보자.

▷ 이미지의 반전이 주는 실체에 대한 의문

피에트로의 딸은 등교 첫날 '회문'(回文)에 대해 배운다. 회문은 앞으로 읽어도 뒤로 읽어도 뜻이 같은 문장인데 이 단어는 홍상수 영화에 언급된 '회전문'을 연상시킨다. 서울에서 춘천, 다시 경주로 향하는 방황하는 청춘의 로드무비인 〈생활의 발견〉(홍상수, 2002)에는 청평사 전설 속 회전문 이야기가 나온다. 그러나 이 두 영화에서 회문과 회전문의 의미 작동 범위는 다르다. 춘천과 경주에서 다르지만 같은 두 여자를 만난 경수는 자신이 출구 없이 제자리를 맴도는 회전문 앞에 서 있다는 깨달음을 얻으며 여정을 마치지만, 피에트로는 한 장소에 머물며 '돌이킬 수 있는' 회문이라는 명제를 우회하여 '돌이킬 수 없는' 것들을 인정하며 회문에서 벗어난다. 경수가 현실의 공간을 건너가는 여행객이라면 피에트로는 격동하는 내면세계를 탐사하는 정신적 유목민이라고 할 수 있다. 경수에게 회전문은 여정의 끝에 얻은 답이고, 피에트로에게 회문은 내면 탐사의 지도인 셈이다. 회문의 특징은 가역성이다. 거꾸로 읽을 수 있는 회문처럼 기억은 가역적이지만 인생 자체는 불가역적이다. 그는 태풍의 눈과 같은 장소인 학교 앞에서 잠시 불가역적 인생을 멈추고 기억이라는 회문을 더듬거린다. 매일 그곳을 통과하는 사람들과 눈인사를 나누고 간혹 찾아오는 지인을 맞이하는 단조롭고 반복적인 일상을 보내는 그의 모습에서 아내를 잃은 슬픔이나 자책감에 괴로워하는 표정은 엿보이지 않는다. 그가 과연 그런 고통 속에 있는 것인지도 불분명하다.

영화의 뒷부분에는 당혹스럽게 느껴질 수 있는 정사신이 있다. 이 장면은 영화의 첫 장면과 맞물린다. 피에트로와 정사를 나누는 여인은 그가 해변에서 구해준 여인으로 알고 보니 피에트로가 다니는 회사를 합병하려는 스타이너의 애인이다. 꿈일 수도 있고 환상일 수도 있는 이 장면은 사실 생뚱맞다. 아이 학교 앞 벤치에 머무는 조용한 생활을 해온, 자신의 감정을 드러내지 않았던 남자의 돌발적 행동은 그 이전까지 보여주었던 이미지에 대한 반전이다. 이 부분에 대한 공감이 이 영화를 이해하는 데 열쇠가 될 수 있다. 전반부의 분위기를 깨는 이상한 연결이라고 본다면 실패한 반전으로 평가할 수 있지만, 만일 우리가 앞에서 본 그를 오독한 것이라면 이야기는 달라진다. 돌이켜보면 이 돌연한 정사 이전에 그는 자신의 감정을 한 번도 제대로 표현하지 않았다. 영화는 아내의 죽음 이전의 그에 대해 알려주지 않고 우리는 그의 실체를 모른다. 그가 과연 아내랑 만난 이후에 더 이상 처제와 부적절한 관계를 맺지 않았는지 확신할 수 없으며, 아내에게 어떤 정신적 고통을 주었는지도 알 수 없고, 친구가 토사구팽당한 자리를 꿰차고 싶은 욕망이 들끓는 건 아닌지, 정확히 아는 것은 아무것도 없다.

〈조용한 혼돈〉 – 피에트로와 마르타

피에트로가 학교 앞에서 능동적으로 한 일들은 섬세한 감정놀이다. 그 놀이의 첫 번째는 리스트를 떠올리는 것이고, 두 번째는 다운증후군 아이를 위해 자신의 차에 시동을 거는 것이다. 영화에서 그는 몇 차례 리스트를 만드는데, 첫 번째 리스트는 그동안 자신이 이용했던 항공사 이름이다. 그가 읊어대는 끝없는 항공사 이름을 들으며 지나온 그의 생활을 짐작할 수 있다. 아마도 그는 회사의 중역으로 매우 분주하게 일한 반면 가정에 충실하진 못했을 것으로 짐작된다.

그가 작성한 두 번째 리스트는 자신이 거주했던 곳 주소들인데 이 리스트에서부터 아내에 관련된 내용이 등장한다. 아내와 같이 살았던 집 주소를 중얼거리다 멈칫하는 그의 모습에는 그리움이라고 하기엔 석연치 않은 착잡한 심경이 느껴진다. 이런 느낌은 이후 리스트에도 계속 이어진다. 아내에 대해 몰랐던 것들의 리스트를 작성하며 아내의 컴퓨터에 저장된 이메일을 읽으려던 그는 파일들을 삭제해버린다. 그는 아내가 동화작가와 이메일을 주고받았다는 사실을 확인하지만 그 이상은 밝혀내지 않는다. 이런 행동은 죽은 아내에 대한 예의로 생각할 수 있지만 다른 한편으로는 그는 아내를 몰랐고 새삼스레 아내를 알고 싶어 하지 않는 것으로 볼 수도 있다. 이런 가정은 그가, 아내의 죽음이 계기가 되어 학교 앞에서 시간을 보내고는 있지만 아내를 애도하는 데 많은 시간을 할애하지 않는다는 추측을 하게 한다. 이런 추측들을 쌓아놓았을 때 비로소 위에서 말한 갑작스런 정사신이 자연스러운 맥락 안에 자리 잡게 된다.

▷ 조용한 혼돈의 내면을 떠나…

이 추측을 뒷받침할 객관적 증거로는 비록 그가 수동적인 자세로 경청하는 경우가 대부분이었지만, 그가 나눈 대화는 거의 다 회사 합병과 관련된 내용이었다. 회사 동료들이 찾아와서 전하는 회사 소식을 듣는 그는 아이러니하게도 회사 사정에 대해 가장 발 빠르게 알게 되며 입지는 점차 유리해진다. 정사신 외에 생뚱맞게 느껴진 또 한 장면은 회사에서 제거될 위기에 처한 친구가 찾아와 베니스 회동 이야기를 할 때 등장한다. 굳이 베니스까지 가서 이 장면을 촬영하고 영화에 삽입할 이유가 있었을까 회의하게 만드는 짧은 신이다. 소설과 달리 인물의 내면을 스치는 생각과 감정을 말로 다 표현할 수 없는 영화의 특성을 고려한다면 군이 감독이 이 짧은 장면을 집어넣은 까닭이 피에트로에게 회사 합병을 둘러싼 지형도를 그리는 일이 무엇보다 중요했기 때문 아닐까?

영화에서 아내와 관련된 회상 장면은 한 번도 등장하지 않는다. 그에게 합병 건이 차지하는 비중을 설명하는 또 다른 증거는 다운증후군 소년을 위해 매일 아침 시동을 걸었던 규칙적 일상을 깬 장면이다. 그는 스타이너가 찾아온 날 시동을 걸지 못한다. 우연한 결과지만 의미심장한 일이다. 그가 머문 태풍의 눈 주위에 휘몰아치는 태풍의 정체는 그의 욕망이다. 합병으로 인해 그가 얻거나 잃게 될 지위, 관능적이면서 자신의 거취와도 연관되어 있는 여성, 이런 태풍을 피해 그는 학교 앞을 지키고 있었던 것이다. 그리고 그 태풍의 진로를 확인하고 예측할 수 있을 때 그는 태풍을 향해 발걸음을 옮긴다. 조용한 혼돈의 내면 세상에서 나와 어지럽지만 엄연한 질서가 유지되는 약육강식의 정글로 돌아가는 것이다. 그 세상은 돌이킬 수 없는 질서가 지배하는 곳이다.

3
치열한 법정 공방과 외부자

- 〈소수의견〉

〈소수의견〉

법정 드라마 | 2015년 |
한국 | 126분 | 15세 관람가

감독 : 김성제

〈소수의견〉(김성제, 2015)은 제대로 된 법정드라마다. 최근 몇 년 동안 법정이 중요한 공간으로 등장하는 영화들이 여럿 있었다. 〈의뢰인〉(손영성, 2011), 〈부러진 화살〉(정지영, 2012), 〈변호인〉(양우석, 2013), 〈성난 변호사〉(허종호, 2015) 등이 그 예로, 〈변호인〉은 무려 천만 관객이 넘는 흥행 성적을 기록하기도 했다.

〈소수의견〉 - 치열한 법정공방을 다룬 영화

하지만 본격적인 재판 준비와 공판 과정 등을 세세히 다룬 영화는 〈소수의견〉이 첫 번째라 할 만하다. 또한 현재의 법률시장과 법조인의 생태도 가장 선명하게 드러낸 영화다. 물론, 이 영화는 재개발 철거현장에서 벌어진 살인 사건과 이를 은폐하려는 권력층의 담합을 고발하는 이야기가 핵심이고, 누가 봐도 용산 참사라는 실제 사건을 연상하게 된다. "이 영화는 실화가 아니며 인물은 실존하지 않는다."라는 영화 도입부의 자막이 무색할 지경이다. 지명이 용산이 아니라 아현동이고 영화 속 사건은 실제 없었지만 현실에서 벌어질 수 있는 개연성은 충분히 느껴진다.

▷ 사실적인 재판 준비 과정과 공판 장면

재판 과정이 너무 디테일해서 오히려 관객의 몰입을 방해했다는 평도 있지만 달리 보면 〈소수의견〉의 가장 큰 장점이고 매력이다. 지방대 출신의 "족보도 없는" 국선 변호사 윤진원과 386 운동권 출신으로 명문대 족보는 있지만 현재는 별 볼일 없는 변호사 장대석은 한 사무실에서 일하고 있다. 추레한 사무실 유리창에 붙어 있는 "이혼, 상속, 재산분할"이라는 문구는 두 사람이 자잘한 민사 사건을 위주로 수임하며 간신히 명맥을 유지한다는 것을 알려준다.

당구장에서 짜장면을 먹으며 "중국집이 요리로 장사하냐? 짜장면으로 먹고 사는 거지."라는 두 사람의 대사는 자신들의 처지를 희화화하며 나누는 농담이다. 이런 상황에서 윤진원에게 박재호 사건을 국선 변호해 달라는 의뢰가 들어온다. 의례적으로 용의자 접견을 갔던 윤진원은 "무죄를 원합니다."라는 박재호의 강렬한 외침에 마음이 흔들린다. 윤진원은 판결 전까지는 당연히 무죄라는 '무죄추정의 원칙'을 들려주지만 스스로도 공허한 말이라는 것을 아는 표정이다.

〈소수의견〉 - 윤진원과 장대석 변호사

윤진원이 본격적으로 사건에 뛰어드는 계기는 박재호 건이 사건 송치자료 열람 금지가 되어 있다는 것을 알고부터이다. 담당 검사

홍재덕은 형사소송법상 검사는 자료 공개를 거부할 수 있다고 당당하게 답하며 초짜 변호사 윤진원을 무시한다. 〈소수의견〉에는 법조인들 사이에 통용되는 대사가 자주 등장한다. "같은 법조인끼리 아닙니까?", "내 법정에서 다른 법조인이 죽는 거 원하는 사람 없어." 세상이 바뀌고 있지만 이런 말들이 그냥 나온 대사는 아니다. 그동안 법조인끼리 무수히 오고간 말임을 짐작할 수 있다. 초동 수사 기록조차 볼 수 없는 상태에다 서울시가 제소 전 화해까지 알선했다는 사실을 알고 윤진원은 오기가 발동하게 된다.

〈소수의견〉 – 사건과 정면승부를 결단하는 윤진원

〈소수의견〉에는 주요 인물로 여기자 공수경이 등장하지만 실제 두드러진 캐릭터는 아니다. 윤진원이 사건을 맡도록 부추기며 정보를 제공하고 때론 대립하는 정도의 인물이라 할 수 있다. 자료도 없고 현장은 보존되기는커녕 깨끗이 청소되어 있는 이 이상한 사건에서 더 이상한 건 박재호의 아들을 자신이 죽였다고 자백한 용역 깡패 김수만이다. 박재호는 자신의 아들을 죽인 건 분명히 경찰이라고 주장하고, 김수만은 자신이 범인이라고 말한다.

〈소수의견〉에는 죽은 두 아들과 살아남은 두 아버지가 있다. 16세 아들을 잃은 박재호와 20세 의경 아들을 잃은 아버지는 살아남은 자의 슬픔 속에 살고 있다. 이들의 슬픔을 공감하고 "검찰이 무엇을 숨기고 있는지 밝히고 싶은" 윤진원은 국선변호인을 사임하고 국가 배상 청구 소송을 결심한다. 윤진원은 야당 국회의원으로부터 경찰, 검찰, 서울시, 용역업체, 청와대까지 연결되는 것으로 추정되는 사건의 윤곽을 파악한다. 잘 나가는 실세 검사 홍재덕은 언론보도로 여론이 들끓고 윤진원이 의외의 끈기를 보이자 당황한다. 윤진원은 과거 국가 배상 청구 소송 경험이 있는 장대석을 설득하여 둘은 함께 뛰기 시작한다. 세 번 모두 패소한 장대석의 경험으로 비추어 국가 배상 청구 소송에서 승소하기란 무척 어렵다는 것을 알 수 있다. 윤진원은 형사재판과는 별도로 배상액을 "100원"으로 청구한 국가 배상 소송을 진행해 사건의 상징적 의미를 부각시키고 여론의 집중적 조명을 받게 된다.

윤진원은 유리한 고지를 점령하기 위해 관할 이전과 국민 참여 재판을 신청한다. 미국식 배심원 제도의 도입을 시험하기 위한 전 단계로 실시되는 국민 참여 재판은 이미 현실에서도 이루어지고 있다. 이후 법정 공방은 국민 참여 재판 1차 준비 기일, 국민 참여 재판 1차 공판 기일, 2차 공판 준비 기일, 공판 최종 기일 순으로 진행된다. 1차 공판 기일에 미모의 젊은 여자 변호사는 PPT 화면을 띄워놓고 배심원들을 설득하기 시작한다.

참여 재판 전담 여변호사로 알려진 여성은 세련된 외모와 부드러운 목소리로 주장을 펼쳐간다. 이 장면 역시 현실에서 벌어진 국민 참여 재판 모습을 반영하고 있다. 대형 로펌에서 미모의 젊은 여변호사를 내보낸다는 것은 알려진 사실이다. 재판이 불리해지자 고검 차장검사가 직접 윤진원을 만나 회유하는가 하면 고등법원 검사를 피고 대리인으로 내세우는 이례적인 행태를 보인다. 또한 현직 검사장이 직접 윤진원을 변호사 징계위원회에 징계 심의를 신청하기까지 한다.

▷ 속 시원한 해답 대신 남긴 성찰

국가 배상 청구 소송에서 피고는 국가다. 〈소수의견〉이 찜찜하게 느껴진다면 피고인 국가를 상대로 통쾌한 승리를 거두지 못해서일 것이다. 〈변호인〉, 〈내부자들〉(우민호, 2015)처럼 잘 만들어진 영화가 관객의 호응을 얻은 까닭은 암담한 현실을 박차고 싸워 이기는(부분적일지라도) 내용이기 때문이다.

하지만 모든 영화가 그래야 할까? 처음에는 관심도 없던 대형 로펌 광평에서 여론의 주목을 받자 사건을 가로채고, 완고해 보였던 박재호는 윤진원을 저버리고 광평을 선택한다. 홍대식 검사가 김수만을 회유하는 내용이 담긴 보이스 펜 녹음은 생생하게 법정에 생중계 된다. 그럼에도 불구하고 유력한 증인들은 "정황" 이상을 증언하지 못하거나, 보이스 펜은 "증거능력을 확인할 수 없다는" 이유로

증거 채택이 유보된다. 비교적 공정하게 재판을 진행한 판사는 배심원들이 검사에게 묻고 싶은 질문지를 읽어준다. 판사가 참여 재판의 취지를 살려 질문을 읽어줄 때 관객들은 무언가 속 시원한 해답이 나올 것을 기대한다. 그러나 홍대식 검사는 다음과 같은 말을 남기고 법정을 떠나 버린다.

"검사는 배심원들의 질문에 대답할 의무가 없습니다. 답변을 거부하겠습니다."

최종판결에서 배심원들은 만장일치로 박재호의 정당방위가 성립된다고 평결하지만 배심원들의 결정은 "권고적 효력"만 있을 뿐이다. 재판부는 박재호에게 특수 공무 집행 방해 치사죄로 징역 3년을 선고한다. 후일담은 윤진원의 내레이션으로 알려진다. 항소를 계속했지만 패했고, 국가 배상 소송에서도 패했고, 철거는 다시 시작되었다는 내용이다. 박재호도 의경의 아버지도 모두 약자들이고 희생자다. 거대한 국가 시스템을 상대로 모두가 나름대로 선전했지만 승리하지는 못했다. 검사복을 벗고 로펌으로 간 홍재덕과 윤진원은 법원 앞에서 조우한다. 홍재덕은 "국가라는 건 누군가는 희생하고 누군가는 봉사하는 기반 위에 움직인다."고 말하면서 윤진원에게 "결국 넌 뭘 한 거냐? 니가 아는 게 뭐야?"라고 비웃는다. 당연히 윤진원은 홍재덕을 무시하지만 관객 입장에서 윤진원처럼 홀가분하게 돌아서기는 힘들다. 〈소수의견〉이 썩 잘 만들어진 사실적인 법정드라마임에도 무언가 부조화의 느낌이 드는 것은 현실 고발과 영화의 전반적인 기조가 잘 융합되지 않아서이다. 윤진원과 장대식은 용감하게 시스템과 맞장을 떴지만 〈소수의견〉은 애초에 약자의 승리를 향한 서사가 아니다. 전반적으로 이성적인 분위기와 두 아버지의 감성적인 눈물도 그다지 어울리지 않는다. 차라리 다른 사건으로 풀어갔다면 더 좋았지 않았을까 하는 아쉬움이 있다.

하지만 법정영화로서 〈소수의견〉은 이제까지 나온 어떤 한국영화보다 치열하게 법적 공방을 다루었다는 미덕이 아쉬움보다 훨씬 크다. 일반적인 법 감정과 실제 법 적용이 얼마나 차이가 있는지도 처절하게 느끼게 해주는 영화다. 해답을 주지 않아 답답할 수도 있지만 무수한 화두를 던져준 앞으로 나올 한국 법정드라마의 훌륭한 교본이라 생각한다.

4
역사적 힘을 갖춘 허구의 인물들

- 〈바스터즈 : 거친 녀석들〉

〈바스터즈 : 거친 녀석들〉

액션, 전쟁, 드라마 | 2009년 |
미국 | 152분 | 청소년 관람불가

감독 : 쿠엔틴 타란티노

쿠엔틴 타란티노의 데뷔작 〈저수지의 개들〉은 마돈나의 히트곡 'Like a Virgin'에 대한 난삽한 논쟁을 길게 보여주는 오프닝 시퀀스로 시작된다. 진짜 처녀에 관한 노래인지 경험 많은 여자에 관한 노래인지 의견이 분분한 가운데 다른 인물 이야기가 뒤섞여 드는 이 정신없는 장면에서 타란티노는 자신의 영화 감상법을 제안한다. 수다스러운 잡담이 별다른 의미가 없듯 자신의 영화도 심각하게 보지 말라는 그의 제안은 곧 받아들여졌다.

타란티노 월드가 제공하는 전례 없는 작품들은 정체성을 인정받았고, 칸은 일찌감치 그에게 황금종려상을 주었다. 타란티노는 데뷔작에서 자신의 창작 방식도 보여줬다. 마약 거래에 관한 가짜 시나리오를 구체적인 경험담으로 구성해나가는 화장실 시퀀스는 그가 어떻게 허구의 조각들을 축조해서 하나의 건축물로 완성하는지 보여준다. 단순한 아이디어가 현실보다 더 그럴듯한 허구의 세계로 진화하는 과정을 지극히 영화적 방식으로 재현한 이 장면은 그의 독창성을 입증한다. 〈펄프 픽션〉(1994), 〈킬 빌〉 시리즈(2003, 2004), 〈데쓰 프루프〉(2007) 등은 모두 이 방식대로 만들어진 결과물이다. 〈바스터즈: 거친 녀석들〉(이하 〈바스터즈〉, 2009)은 이 영화들 다음에

오지만 단순한 최근작이 아니라 타란티노 월드의 완공을 알리는 영화다.

▷ 그의 영화 취향과 지식에 대한 직설법

〈바스터즈〉가 전작과 차별되는 이유는 '역사'라는 새로운 재료를 끌어들였기 때문이다. 여기에는 두 가지의 역사가 있다. 제2차 세계대전이라는 인류의 비극적 역사와 100년을 조금 넘긴 영화의 역사가 있다. 싸구려로 취급받던 대중문화의 잡동사니를 주재료로 삼은 쿠엔틴 타란티노 식 요리가 입맛에 맞는가는 기호의 문제지만 그가 개발한 새로운 미각이 이 시대의 주류 입맛에 영향을 주었음은 분명하다. 〈바스터즈〉는 여기서 한 걸음 더 나아가 주류의 재료까지 자신의 요리에 끌어들인 것이다. 상위문화 '역사'가 저급문화의 용광로인 타란티노 월드에 완벽하게 편입되었다.

물론 타란티노 자신이 말했듯, 이 영화는 복수의 우화를 위해 제2차 세계대전이라는 역사를 차용한 것이지 제2차 세계대전을 사실적으로 그린 영화는 아니다. 그런데 이 말을 곧이곧대로 받아들일 순 없다. 그의 말처럼 제2차 세계대전을 사실(fact) 차원에서 재현하는 것은 아니지만 사실을 해체하고 거기에 역사적 상상력을 덧붙인 이 가상의 역사극은 역사를 해석하고 있다. 나치 도살자 알도 레인을 올려다보는 로우앵글로 끝나는 마지막 장면은 역사적 평가의 어려움을 일깨워준다. 나치의 만행은 명백하지만 나치의 머리 가죽을 벗기고 마음대로 처형하는 알도 레인이 정의로운 것도 아니다.

비디오 가게 점원으로 일하던 시절부터 엄청난 양의 영화를 섭렵한 타란티노가 자신이 매혹됐던 영화들을 자신의 작품에 인용하는 방식이 간접화법이었다면, 〈바스터즈〉는 자신의 영화 취향과 지식에 대한 직설법이다. 제목도 '영화 작전'(Operation Kino)이라 붙인 네 번째 챕터에는 영화사가 직접적으로 언급된다. 이 작전에 참여하는 영국군 장교가 입대 전 영화평론가로 활동했다고 다소 뻔뻔한 설정을 해놓고는 1920~30년대 영화산업과 감독, 배우, 작품에 대한 자신의 지식을 마음껏 쏟아낸다. 독일 UPA영화사와 괴벨스를 미국의 루이 B. 메이어나 데이비드 O. 셀즈닉과 비교하고 독일 감독 파브스트를 언급한다. 영국군 장교가 입대 전 쓴 두 권의 저서 중 하나는

20년대 독일영화 연구서이고, 하나는 파브스트 연구서라는 이야기에서 타란티노의 취향을 엿볼 수 있다. 괴벨스를 셀즈닉에 견주는 영화 속 대사에서 비약하면 자신을 파브스트에 대응시키고 싶은 것 같다. 매춘부, 사기꾼, 도박꾼 같은 사회악을 표상하는 인물들을 등장시킨 영화를 주로 만든 파브스트는 타란티노의 한참 위 선배 격이다.

총 다섯 챕터로 구성된 영화의 구조는 세 명의 주요 인물인 쇼산나와 특공대 지휘관 알도 레인, 나치 친위대 대령 한스 란다를 중심으로 축약된다. 전체 서사에서 쇼산나와 알도 레인은 각각 개별적 서사의 한 축씩을 담당하고 한스 란다가 두 축을 이어주는 역할을 한다. 첫 챕터는 쇼산나의 이야기였고, 두 번째 챕터는 알도 레인의 이야기였다. 세 번째 챕터에서는 쇼산나가 자신의 가족을 몰살시킨 원수 한스 란다와 조우하고, 네 번째 챕터는 연합군이 계획한 '영화 작전'에 알도 레인이 참여하게 된다. 대망의 마지막 챕터에서는 쇼산나와 알도 레인, 한스 란다가 한곳에 모이지만 쇼산나와 알도 레인은 마지막까지 서로의 존재를 모른다. 영화가 복잡하게 느껴진다면 이는 두 개의 이야기 축이 끝까지 자기의 길을 가고 있기 때문이다. 어쩌면 앞부분을 생략하고 나머지 두 챕터만으로 영화를 만드는 게 더 경제적이었을지 모르겠지만 각각의 챕터에는 자기만의 스타일과 주제가 있기 때문에 비경제적인 것은 아니다. 〈바스터즈〉를 감상하는 즐거움 중 하나는 챕터마다 제공되는 다른 스타일의 서스펜스를 맛보는 일이다. 서스펜스의 교과서라고 불러도 좋을 만큼 멋진 연출력을 자랑하는 이 신들이야말로 타란티노가 자신의 요리를 빛나게 하기 위해 정성을 다해 준비한 소스다.

▷ 각 챕터마다 다른 스타일의 서스펜스

첫 번째 챕터에서 서스펜스는 유대인 사냥꾼 한스 란다와 쇼산나 가족을 숨겨준 라파에트 사이의 대화에서 생겨난다. 소름 돋을 정도로 냉정함을 잃지 않는 한스 란다에게 몰려 점차 두려움이 차오르는 라파에트의 얼굴이 클로즈업될 때 관객은 그의 고통을 전달받게 된다. 양심을 포기하고 이웃을 숨겨준 마루 밑을 손가락으로 가리킬 때 관객은 마치 자신이 심판받는 기분에 빠지게 된다. 두 번째 챕터는 알도 레인이 포로로 잡은 독일군 장교를 심문하는 장면에서 서스펜스가 고조된다. '곰 유대인' 도니의 야구 방망이 소리가 컴컴한 터널 안쪽에서부터 공명되어 울릴 때 긴장감은 극대화된다. 이건 말하자면 소리의 클로즈업이다. 곧 닥칠 무자비한 학살을 조금씩 가까워지는 소리로 카운트다운되고 있다.

〈바스터즈 : 거친녀석들〉 – 쇼산나와 한스 란다

세 번째 챕터의 서스펜스는 음식이 매개가 된다. 쇼산나의 정체를 모르는 한스 란다가 파이를 먹으며 질문을 하고, 쇼산나가 위기를 넘겨야 하는 일촉즉발의 상황에서 카메라는 크림이 듬뿍 얹힌 파이를 클로즈업한다. 긴장된 분위기와 어울리지 않는 부드럽고 달콤한 파이는 쇼산나의 공포와 한스 란다의 잔혹함을 확대시킨다. 네 번째 챕터의 '라 루이지안' 술집 신은 서스펜스의 압권이다. 독일군 장교로 신분을 위장한 연합군 작전팀이 술집으로 들어서는 순간부터 예상치 못한 상황들이 잇따라 벌어진다. 독일어 억양 때문에 신분이 탄로날 위태로운 순간을 넘긴 그때 산통이 깨진다. 이 신은 마치 고대 그리스 비극처럼 절대적인 비극성을 띤다. 모두가 죽는 것 외에는 다른 해답이 없음을 아는 사람들이 서로에게 총을 겨눈다. 마침내 한 발의 총성이 울리고 술집은 순식간에 초토화된다. 마지막 챕터의 서스펜스에는 코믹 코드가 가미되어 있다. 이중간첩인 독일 여배우와 함께 작전의 대미를 장식하기 위해 극장으로 입장하려는 알도 레인과 두 명의 부하가 구사하는 어설픈 이탈리아어는 웃음과 긴장의 줄타기를 한다.

〈바스터즈 : 거친녀석들〉 – 역사에 대한 유쾌한 상상력

인화성 강한 니트로 필름에 불을 붙여 극장을 태운다는 쇼산나의 계획은 성공한다. 불타는 스크린에 투사된 쇼산나의 얼굴과 아비규환이 된 극장 안 모습은 어떤 잔인한 복수극보다 통쾌하다. 이쯤에서 끝났다면 역사를 끌어들인 타란티노의 재주 정도로 평가하겠으나 마지막 반전에서 재주를 넘어섰다는 걸 느끼게 된다. 충실한 친위대 장교 한스 란다가 패전을 감지하고 배신하는 장면에서부터 진실은 미궁에 빠진다. 한스 란다는 항복 조건으로 자신의 이름을 '영화 작전' 첫 페이지부터 기록해 달라고 요구한다.

〈바스터즈〉는 역사적 상상력으로 쓰인 한 편의 우화지만 우리가 사실이라고 믿는 역사에 이런 아이러니한 일들이 없었다고 확언할 수 있을까? 보르헤스의 소설 〈배신자와 영웅에 대한 주제〉에 나오는 것처럼 배신자가 영웅이 되고, 영웅이 배신자가 되는 일이 인류의 역사에서 얼마나 자주 일어났는지 누가 알겠는가. 그런 의미에서 이 영화는 역사를 가지고 유희를 하는 포스트모더니즘 역사관의 핵심에 다다랐다고 할 수 있다. 〈바스터즈〉는 보르헤스가 말한 '역사의 사각지대'를 건드리고 있다.

- 〈미하엘 콜하스의 선택〉

〈미하엘 콜하스의 선택〉

액션, 드라마 | 2014년 |
프랑스 | 122분 | 청소년 관람불가

감독 : 아르노 데 팔리에르

〈미하엘 콜하스의 선택〉(아르노 데 팔리에르, 2013)의 주인공 미하엘 콜하스는 근대의 전후를 체현한 인물이다. 영화의 배경인 16세기는 근대의 새벽쯤이라고 할 수 있다. 왕도 있고, 법도 있고, 교회도 있지만 어느 것도 절대적이고 확고하지 않은, 희미하고 어두운 시대, 그러나 어디선가 낯선 불빛이 새어 들어오는 시대다.

16세기 말 상인 미하엘 콜하스는, 자신은 모르겠지만, 데카르트적 근대 '주체'를 감지한 개인이며, 20세기 극작가 사뮈엘 베케트의 인물처럼 탈근대적 '소진된 인간'이다. 데카르트는 의심하는 존재로서 인간을 규명했지만 신을 부정하지는 않았다. 미하엘 콜하스도 틈틈이 성경을 읽는 충실한 신앙인이지만 신의 섭리에 대해서 회의하고 자신의 신념을 실천한다. 1970년대 베케트는 텔레비전 단편극을 연출하면서 목적과 의미를 극단적으로 배제한 드라마를 지향했다.

들뢰즈는 베케트의 텔레비전 단편극을 분석하면서 소진된 인간이라는 개념을 사용한다. 들뢰즈에 의하면 피로한 인간과 소진된 인간은 다르다. 피로한 인간은 최소한의 가능성이라도 남아 있지만, 소진된 인간은 무(無)와 무욕(無慾)의 존재이다. 신이 가능성의 전체라면 무는 반대편에 있다. 그래서 소진된 인간은 탈근대적이다. 근대는 피로한 인간을 탄생시켰고, 근대의 궁극에는 소진된 인간이 위치한다. 16세기 평범한 상인 미하엘 콜하스는 다음 세기에 도래할 근대적 주체라는 성질을 갖고 있으면서, 아직 배태되지도 않은 탈근대의 소진된 인간이라는 특성까지 드러내고 있어 흥미로운 인물이다.

▷ 근대적 주체와 탈근대적 소진된 인간

부유한 말 상인 미하엘 콜하스는 말을 팔기 위해 장터로 향하다 통행료를 내라는 요구를 받는다. 늘 다니던 길에서 뜻밖의 일이 벌어진 것이다. 길을 막고 통행료를 받는 것은 작위를 이어받은 젊은 남작이 임의로 행한 일이다. 미하엘 콜하스는 통행료 대신 말 두 마리와 하인 한명을 남겨두고 장터로 향한다. 좋은 가격에 말을 팔고 돌아오던 미하엘 콜하스는 자신의 말과 하인의 처참한 몰골을 목도한다. 막 부려진 말들은 윤기를 잃고 초췌한 상태로 방치되었고, 하인은 개에게 물어 뜯겨 크게 다쳤다. 화가 난 미하엘 콜하스는 말을 원상태로 복귀시켜달라고 남작에게 요구한다. 가족처럼 아끼는 말이 손상되었고, 이 일로 사랑하는 아내까지 잃은 미하엘 콜하스가 부패한 귀족 계층과 부당한 법적 판결에 분노하며 민중 봉기의 수장이 된 것은 맞다.

그러나 과연 미하엘 콜하스가 인간의 평등과 법적 정의를 위해 무기를 들었는가에 대해서는 의문이다. 미하엘 콜하스는 여러 차례 협상할 기회를 얻지만 자신이 처음 주장한 요구가 관철될 때까지 타협하지 않는다. 그의 딸은 묻는다. 그의 행동이 '엄마' 때문인지 아니면 '말' 때문인지, 미하엘 콜하스는 둘 다 아니라고 대답한다. 말, 아내는 봉기의 원인을 제공했지만 시간이 흘러가면서 둘 다 결정적이고 근원적인 원인이 아니라는 걸 스스로 깨달은 것이다.

미하엘 콜하스는 오직 본인만이 자신을 추동하는 인물이다. 물론 처음부터 그랬던 것은 아니다. 넓은 땅과 좋은 집에 많은 하인을 거느린 미하엘 콜하스는 결핍이 거의 없는 인물이었다. 알량한 술수로 통행료를 징수하는 젊은 남작에 비해 더 풍요로운 인물처럼 보이기까지 한다. 화면에 비친 외모나 의상, 모든 면에서 남작이 더 초라해 보인다. 미하엘 콜하스가 계급사회에 불만이 있는 것처럼 보이지도 않는다. 모든 일은 하나의 '사건'에서 촉발된다. 즉, 부당한 통행료를 징수하고 그 와중에 미하엘 콜하스의 말이 손상된 것이다. 여기서 초점은 통행료 징수에 있는 것이 아니라 말의 손상에 있다. 어차피 그에게 30 리브르의 돈은 대단하지 않다.

그가 법원에 고소한 내용의 핵심도 말을 원상태로 돌려 달라는 것이다. 손해를 보상받고 말을 찾아가면 끝날 일이었다. 그러나 그는 말을 찾아가지 않은 채 세 번의 고소를 하고, 세 번 기각 당한다. 왕과 귀족이 여전히 득세하지만 예전 같은 힘을 갖고 있지는 못하며, 종교개혁운동으로 인해 교회의 권위도 약화되었다. 영화에 등장하는 신부는 마틴 루터를 연상케 하는 인물이다. 합리적이며 인간적인 신부는 무조건적인 신앙을 강요하지 않지만, 궁정과 교회에 반기를 든 미하엘 콜하스에게 진정한 승리는 신에 대한 복종과 겸손함에 있다고 설득하며 타협을 권유한다. 미하엘 콜하스와 신부는 격동하는 시대의 교인과 성직자를 상징적으로 보여준다. 그것도 중세와 근대라는 거대한 패러다임이 변모하는 소용돌이를 생생이 드러내는 인물들이다.

영화 초반, 미하엘 콜하스가 성경을 읽는 장면이 나온다. 그가 책을 읽는 것을 본 하인은 "소리 없이 읽는 걸 보니 성경이 아닌가 봐요."라고 말한다. 미하엘 콜하스는 라틴어가 아닌 지역어로 된 성경을 묵독하고 있었던 것이다. 미하엘 콜하스는 하인에게 성경을 읽어주면서 구절을 머릿속으로 떠올려보라고 일러준다. 묵독은 인간의 내면을 구성하며, 내면의 발견은 근대의 중요한 속성이다.

〈미하엘 콜하스의 선택〉 – 말 상인 미하엘 콜하스와 아내

미하엘 콜하스는 특정 정파에 속하거나 각별한 신념을 갖고 있는 인물로 보이지 않는다. 단지 내면의 요구와 자신의 원칙에 충실한 인물이다. 자기 원칙에 너무 충실하다 보니 자기편 사람까지도 원칙을 어기면 처형해버린다. 그러면서도 신부에게 고해하고 평안을

축원해줄 것을 부탁한다. "우리가 남작을 용서할 때까지 나를 용서하지 말아달라고 신에게 기도하겠다."는 미하엘 콜하스의 말은 이율배반을 내포한다. 신에게 기도하지만 판단의 기준은 자신에게 있다는 의미이기 때문이다. 미하엘도 신부도 팽팽하게 맞선다. 협상을 중재하고 설득하던 신부는 남작을 용서 못하는 미하엘을 용서 못한다. 그리고 끝내 평안을 빌어주지 않는다.

▷ 패배도 승리도 없는 결말

미하엘 콜하스는 패배하지도 승리하지도 않는다. 애초에 자신과의 싸움이었으니 승패를 판정할 존재도 없다. 신도 법도 불완전한 반쪽의 결과를 안겨줄 뿐이다. 마침내 미하엘은 말을 돌려받고 보상금도 받는다. 남작에게는 징역형이 선고되었으니, 미하엘은 요구한 것 이상을 얻었다고 말할 수도 있다. 하지만 미하엘은 대가를 치른다. 왕국의 평화를 해친 죄로 참수형을 받는다. 공주의 탄원으로 사지를 찢거나 산 채로 가죽을 벗기는 끔찍한 형벌은 피했지만 생존하지는 못한다. 자신의 모든 것을 잃으면서 자신의 요구사항을 얻어낸 미하엘은 죽음을 기다리며 고통스러워한다. 그는 자신의 죽음을 아는 것이 두렵다고 말한다. 날짜, 시간, 방법이 정해진 죽음을 기다리는 것은 인간에게 가장 잔인한 형벌이다. 미하엘은 유한한 존재로서 자신을 자각한다. 그는 후회하거나 구원을 소망하지는 않는다. 영원한 '최고의 존재' 신의 섭리를 거역한 그가 알 수 있는 것은 자신이 죽는다는 사실이다. 영원을 부정하고, 적어도 현세에서는 일회적인 개체라고 생각할 때 인간은 죽음을 인식 한다. 미하엘 콜하스에게 공존하는 시간은 자연과 구원의 시간이 아니라 다가올 근대와 근대 이후의 시간이다.

〈미하엘 콜하스의 선택〉 – 자신의 죽음을 알고 기다리는 미하엘 콜하스

철학자이자 역사가이며 영화이론가인 지그프리트 크라카우어는 역사는 비균질적 구조를 가질 수밖에 없다고 말한다. 크라카우어는

미시적 차원과 거시적인 차원을 교차시키는 것이 매우 어려운 일임을 역설한다. 웃음도 자비도 없는 〈미하엘 콜하스의 선택〉의 비정한 서사는 개인과 역사, 허구와 사료 중 어느 한쪽에 치우치지 않으면서도 두 층위의 서사를 잘 포획하고 있다. 만일 이 영화가 영웅적인 인물의 봉기와 실패라는 주제로 수렴되었다면 훨씬 유연한 서사가 됐겠지만 어설픈 종합이 될 확률이 높다.

〈미하엘 콜하스의 선택〉은 불균질하면서도 조화로운 영화다. 미하엘 콜하스라는 탈중세적인 인물의 서사 안에 중세의 끝자락에서 벌어진 역사적 사실들이 촘촘히 박혀 있기 때문이다. 미하엘 콜하스는 데카르트적인 주체를 고집하다 자신을 소진해버린 인물이다. 이야기를 수렴하지 않은 대가로 이 영화는 불친절하고 무거운 영화라는 평을 얻을 것이다. 하지만 본질적으로 불균질한 역사를 제대로 불균질하게 드러냈다는 칭찬이 동시에 주어질 것이다.

원문 출처

제1부 – 우주적 잔인성과 세상이라는 함정

1. 여자의 바람은 위험하다? – 〈주노명 베이커리〉, 〈바람난 가족〉
'바람난 여자들', 『문예연구』 52호, 문예연구사, 2007년 봄.

2. 무정부주의자의 회복 불가능한 삶 – 〈제이슨 본〉 시리즈
'무정부주의자의 회복 불가능한 삶 – 21세기형 스파이 '제이슨 본(Jason Bourne)' 시리즈', 『문예연구』 55호, 문예연구사, 2007 겨울.

3. 여름, 물, 이방인, 살인 – 〈미필적 고의에 의한 여름휴가〉와 방계의 영화들
'여름, 이방인, 물과 살인의 함수관계', 『문예연구』 54호, 문예연구사, 2007년 가을.

4. 맹목적 의지가 지배하는 세상 – 〈밀양〉, 〈혐오스런 마츠코의 일생〉
'무의미한 세계의 맹목적 의지에 맞서는 두 여성 – 〈혐오스런 마츠코의 일생〉, 〈밀양〉', 『문예연구』 54호, 문예연구사, 2007년 여름.

5. 남성의 탄생과 죽음의 공식 – 〈용서 받지 못한 자〉, 〈비스티 보이즈〉
'남성의 탄생과 죽음의 아이러니 – 윤종빈 감독론', 『문예연구』 57호, 문예연구사, 2008년 여름.

제2부 - 선택과 판단이라는 삶의 명령

1. 삶과 죽음의 무한 도킹 - 〈그래비티〉
'삶과 죽음의 무한도킹 - 〈그래비티〉에서 3D 기술과 서사의 결합은 우리를 어떻게 매혹시키는가', 『씨네21』 925호.

2. 원초적 금기와 위반 - 〈투 마더스〉
'환상을 인수분해 한다면? - 둘에서 넷으로, 여덟으로, 다시 넷으로, 〈투 마더스〉 속 욕망의 연상의 비밀', 『씨네21』 920호.

3. 점점 나쁜 선택을 하는 이유 - 〈보이후드〉
'확실한 것은 시간이 흐른다는 사실뿐 - 〈보이후드〉 속 반복되는 선택의 의미는 무엇일까', 『씨네21』 978호.

4. 의심과 확신을 오가는 진자운동 - 〈다우트〉
'의심과 확신 사이를 오가는 진자운동의 파노라마', 『영화평론』 22호, 한국영화평론가협회, 2009.

5. 인생 최고의 아이러니 - 〈테이킹 우드스탁〉
'인생 최고의 아이러니 - 〈테이킹 우드스탁〉이 거대한 혼돈을 자유로운 정신으로 끌어안는 법', 『씨네21』 765호.

제3부 - 원초적 공포와 일상의 불협화음

1. 정말 해피엔딩일까? - 〈윈터스 본〉
'정말 해피엔딩일까? - 〈윈터스 본〉에 내재된 양면성을 들여다보다', 『씨네21』 791호.

2. 추격의 이유와 결과 - 〈추격자〉
'추격의 이유 - 〈추격자〉 읽기', 『문예연구』 56호, 문예연구사, 2008년 봄.

3. 엑소시즘을 관객에게 설득하는 법 - 〈검은 사제들〉
"'궁금은 하네요"-엑소시즘을 소재로 한 〈검은 사제들〉은 어떻게 관객을 설득하는가', 『씨네21』1032호.

4. 수면 아래 숨겨진 진짜 공포 - 〈해빙〉
'〈해빙〉이 주는 원초적 공포', 『씨네21』1097호.

5. 소녀의 흡혈이 의미하는 것 - 〈밤을 걷는 뱀파이어 소녀〉
'소녀의 흡혈이 의미하는 것 - 현대적 경쾌함과 고전적 그로테스크의 조합으로 탄생한 새로운 뱀파이어 〈밤을 걷는 뱀파이어 소녀〉', 『씨네21』1012호.

제4부 - 성장을 위해 치루는 대가

1. 후버 가족의 야단법석 1박 2일 여행기 - 〈미스 리틀 선샤인〉
'후버 가족의 파란만장 여행기 - 〈미스 리틀 선샤인〉', 『씨네21』583호.

2. 사랑의 일의 변증법적 지양 - 〈500일의 썸머〉
'여름이 떠나면 가을이 올거야 - 사랑과 일이 변증법적으로 지양되는 남성 성장의 공식 보여준 〈500일의 썸머〉', 『씨네21』741호.

3. 안전하다, 그래서 좋다 - 〈완득이〉
'안전하다, 그래서 좋다 - 〈완득이〉가 웃음과 감동을 한 덩어리로 묶는 법', 『씨네21』 827호.

4. 21세기의 뭍으로 올라온 인어공주 - 〈나는, 인어공주〉
'21세기의 뭍으로 올라온 매혹적인 인어공주-안데르센 동화 〈인어공주〉의 성공적인 변주 〈나는, 인어공주〉', 『씨네21』675호.

5. 살며, 실패하며, 배우며 - 〈언 애듀케이션〉

'살며 실패하며 배우며 - 한 소녀의 혹독한 인생수업 〈언 애듀케이션〉 속 교양과 교육의 문제', 『씨네21』746호.

제5부 - 세상과 맞서는 인물들

1. 호메로스의 영웅처럼 숭고한 - 〈더 레슬러〉

'호메로스의 영웅처럼 숭고한 - 자신을 모욕하는 세상에 '복수의 램 잼'을 날리는 〈더 레슬러〉', 『씨네21』694호.

2. 그는 정글로 돌아간다 - 〈조용한 혼돈〉

'그는 정글로 돌아간다 - 아내를 잃은 한 남자를 그린 <조용한 혼돈>의 모호함 끝엔 무엇이 있나', 『씨네21』721호.

3. 치열한 법정 공방과 외부자 - 〈소수의견〉

'치열한 법정 공방의 미덕', 『영화평론』28호, (사)한국영화평론가협회, 2016

4. 역사적 힘을 갖춘 허구의 인물들 - 〈바스터즈:거친 녀석들〉

'타란티노 월드는 이렇게 완성되었노라-현실보다 그럴듯한 허구를 완성하는 타란티노의 힘 〈바스터즈 : 거친 녀석들〉', 『씨네21』730호.

5. 자신만이 자신을 추동하는 인간 - 〈미하엘 콜하스의 선택〉

'중세에 이식된 근대와 탈근대', 『씨네21』1945호.